高校大学生思想教育理论与实践创新路径研究

李学昌◎著

吉林出版集团股份有限公司

图书在版编目（CIP）数据

高校大学生思想教育理论与实践创新路径研究 / 李
学昌著 . — 长春 : 吉林出版集团股份有限公司 , 2020.7
ISBN 978-7-5581-8731-5

Ⅰ . ①高… Ⅱ . ①李… Ⅲ . ①大学生－思想政治教育
－研究－中国 Ⅳ . ① G641

中国版本图书馆 CIP 数据核字 (2020) 第 113592 号

高校大学生思想教育理论与实践创新路径研究

著　　者　李学昌
责任编辑　王　平　姚利福
封面设计　李宁宁
开　　本　787mm×1092mm　1/16
字　　数　197 千
印　　张　10.75
版　　次　2021 年 3 月第 1 版
印　　次　2023 年 4 月第 2 次印刷

出　　版　吉林出版集团股份有限公司
电　　话　010–63109269
印　　刷　炫彩（天津）印刷有限责任公司

ISBN 978-7-5581-8731-5　　　　　　定价：58.00 元

版权所有　侵权必究

前　言

　　高校思想教育是我国高等教育体系中最为重要的部分之一。其本质是培养当代大学生优秀的思想品格、高尚的道德情操、杰出的人格、坚定的理想信念、远大的志向抱负、坚强的意志品质和积极的人生态度，它关系到中华民族的复兴大业，关系到社会主义事业兴衰成败，关系到我国人才战略的选择。如果要想在新形势下实现高校思想政治教育的目的，那么就必须实现高校思想政治教育理论与实践的创新发展。

　　本书主要介绍了高校思想政治教育理论起源、内涵、现状及功能。对高校思想政治教育的角色进行了分析，从指导思想、指导原则、教育特点和教育内容方面介绍了高校思想政治教育的理论框架，以及对高校思想政治教育的前沿问题进行了介绍，提出高校思想政治教育的创新与实践路径，并对"互联网＋"时代下高校思想政治教育的创新进行了研究。

　　本书是在参考大量文献基础上，结合作者多年的研究经验撰写而成的。本书在撰写过程中，得到许多专家学者的帮助，在这里表示真诚的感谢。同时，作者的水平有限，书中难免会存在疏漏与不足，恳请批评指正。

编　者

2020 年 3 月

目　录

第一章 绪 论

网络技术飞速发展，信息传播途径多元，各种思潮相互激荡，大学生思想迷茫，高校思想政治教育面临诸多挑战。因此，增强大学生思想政治教育的实效性就是要认真分析大学生思想政治教育面临的挑战和现状，创新教育理念，探索增强大学生思想政治教育的有效途径，充分发挥思想政治教育的导向作用，促进大学生全面发展。

第一节 高校思想政治教育的内涵

中华人民共和国成立以来，我国的思想政治教育走过了不平凡的发展道路，一代代优秀的大学生在把我国逐步建设成为一个富强、民主、文明的社会主义现代化国家的过程中发挥了举足轻重的历史性作用。因对象的特殊性，大学生思想政治教育是社会思想政治教育的一个十分重要的组成部分，因此必须要认真对其历史、目标和任务予以研究。

一、高校大学生思想政治教育的内涵

大学生思想政治教育，是以马克思主义哲学原理、政治经济学原理和科学社会主义原理进行分门别类研究的事实为基础逐步形成的，是对中国化马克思主义理论和实践的科学内涵、精神实质、内在逻辑和实践进行整体性、综合性研究的专业学科。在马克思主义理论一级学科下属的诸个二级学科中，大学生思想政治教育是极具运用性的特殊学科。它旨在研究在马克思主义指导下的具有中国特色的思想政治教育的基础理论、学科体系和实践总结。它至少包括：研究无产阶级经典作家关于思想政治教育的经典论著、理论基础及其形成和发展，把握思想政治教育的指导思想、理论基础、基本原则的学科体系；研究当代社会思潮与思想政治教育对象的变化，把握思想政治教育理论和实践的科学性；研究思想政治教育的内容和方式，把握思想政治教育的基本原理和方法论。

大学生思想政治教育就是要使大学生从整体上学习和认识思想政治教育的基本理论、基本过程,掌握从事思想政治教育实践的基本规律和基本方法,初步运用马克思主义立场、观点和方法,研究和分析现实社会问题、思想认识问题和社会发展问题,注重基本理论和基础知识的学习与掌握。对大学生的培养,还要注重专门知识和专业理论的学习,同时还应注重前沿知识和前沿理论的学习和研究。

至于构成大学生思想政治教育的核心内容,则已逐渐形成一个相对完整的科学体系,目前可概括为五个内容三个层面:①居于最高地位的、任务最艰巨的、在思想政治教育内容体系中起支配作用的"政治教育";②最经常的、最普遍的、具有认知性特点的"思想教育";③处于最底层、最具基础地位和最基本特点的是"道德教育""心理教育"和"法纪教育"。其中,"政治教育"是信仰性教育,重在灌输、主导和控制;"思想教育"是认知性教育,重在启发、说理和引导;"道德教育"是规范性教育,重在内省、养成和自律;"法纪教育"是保障性教育,重在强化、自制和他律;"心理教育"是自励性教育,重在劝导、激励和体验。

二、高校大学生思想政治教育的性质

马克思主义不仅科学论述了思想政治教育的本源性,而且深刻阐明了大学生思想政治教育的目的性、实践性与阶级性。大学生思想政治教育在其诞生之日就已经注定即具有明显的综合性、政治性、科学性、实践性等鲜明的特性。

第一,它有自己鲜明确定的研究对象。大学生思想政治教育专业是关于大学生思想政治教育丰富的实践经验的理论概括,是大学生思想政治教育的知识体系,对大学生思想政治教育这一实践活动具有理论指导意义。第二,它有自己丰富的实践基础。大学生思想政治教育实践,从有阶级以来就是人类社会实践的一个重要组成部分,更是中国共产党领导人民进行革命、建设等伟大实践的重要组成部分。大学生思想政治教育是一个丰富的社会现象,人们早已获得了丰富的实践经验,亦曾获得过丰富的感性认识……也就是说有大量的可供分析、归纳、概括、总结从而上升为理性认识的现实材料和坚实的现实基础。第三,它是几代人按照一定的逻辑,在一定的观点基础上,针对其特定研究对象或领域,由特定的概念、范畴、原理等理论要素进行表述与阐释,揭示研究对象的规律性过程中建立起来的,在逻辑上具有自洽性的理论体系……也就是说早已进行了大量的、有效的、颇有建树的理论研究工作。第四,它有科学而明确的指导思想体系,具备了广泛的现代科学基础,而且并不是其他各个学科的简单相加和生拼硬凑。大学生思想政治教育已经在博采众家之长，深入研究的基础上形成了自己不可替代的理论体系和学科特点。问题的关键是怎样认识和理解这些特点，怎样理顺它们之间的关系，既全面地看待和反映这些特点，又根据不断变化的实践，自觉地、有重点地突出这些特点。

（一）综合性

大学生思想政治教育的综合性，首先，表现为它在研究和说明某种复杂社会现象对大学生思想政治教育的影响。研究和揭示大学生思想政治教育规律时，必须高度重视对一切相关的各种社会因素、心理因素乃至一些自然因素做多变量的综合考察。其次，表现在它要正确地研究大学生思想政治教育，科学地建立大学生思想政治教育理论体系，合理地设计本专业各个层次的培养目标就必须学习、借鉴和综合利用多学科知识。最后，表现在它的研究范围上。当我们把思想政治教育当作一项事业研究时，它事关中国特色社会主义建设的大局，必须尊重和体现强烈的社会政治意识；当我们把它当作一门科学研究时，必须尊重和体现其突出的科学性特点；当我们把它当做一种活动研究时，必须尊重和体现其生动的实践性特点。

（二）阶级性

在阶级社会里，大学生思想政治教育是为一定的阶级或政治集团服务的，反映的是本阶级的根本利益和要求，具有明显的阶级性特征。不过，剥削阶级都不愿或不敢承认这一点。马克思主义思想政治教育学公开声明它具有无产阶级党性原则，坚持用马克思主义理论、社会主义思想体系教育人民，培养全面发展的社会主义新人。

大学生思想政治教育学的阶级性与真理性是高度统一、完全一致的。思想政治教育学建立在对社会发展规律深刻认识的基础上，反映了社会发展的要求。无产阶级与最先进的生产方式相联系，代表了历史发展的方向。大学生思想政治教育为无产阶级事业服务，就能推动社会循着自身的发展规律不断进步。同时，无产阶级没有自己的狭隘私利和特权要维护。科学越彻底，越具有客观真理性，也就越符合无产阶级的根本利益。可见，只有坚持真理性原则，大学生思想政治教育才能更好地坚持阶级性原则，更好地为建设社会主义和谐社会服务。

（三）时代性

恩格斯指出，每一时代的理论思维，都是一种历史的产物，在不同的时代具有非常不同的内容。大学生思想政治教育是一门时代性很强的科学，也是一门历史的科学。在不同时代，由于人们的思想特点不同，因此其发展变化的规律也会有所不同。由于不同时代社会物质生活条件和社会制度的差异，对大学生的培养目标就会有根本区别，大学生思想政治教育的任务、内容和方法也就有原则的差异。研究大学生的思想品德的形成与发展，必须置身于特定的社会历史背景；思想政治教育的实施与开展，也必须体现时代的要求。

（四）民族性

人类社会发展到今天，是以民族的形态存在和发展的。民族性是一个民族区别于其他民族的个性特征，即民族的特性或特色。大学生思想政治教育是不同民族的实际生活和历史文化传统差异的反映，更是不同民族选择的发展道路、社会制度和意识形态差异的集中反映。只要产生民族性差异的土壤存在，大学生思想政治教育就会始终带有它鲜明的民族印记，并以本民族特有的形式与内容，为民族的崛起和腾飞提供强大的精神动力。以思想政治教育为整体研究对象的思想政治教育学，也必然带有本民族的鲜明特色。当然，民族性不是抽象的，而是具有特定的时代内涵和阶级烙印。我们这里的思想政治教育，除了一般原理与规律外，大多指具有中国特色的社会主义的思想政治教育。

要说明的是，民族性并不意味着封闭性。大学生思想政治教育的开放性特点是由人类实践的开放性所决定的。社会实践是发展的，我们的思想认识也必须不断前进。面对当代人类实践的发展，大学生思想政治教育要自觉变革，追求创新，不断贴近现实生活，在开放的视野中、在生机勃勃的社会实践中，寻找理论的生长点。

（五）真理性与价值性

在这里，所谓"真理性"就是指大学生思想政治教育的可靠性、合理性、有效性，它蕴含着丰富的知识性、专业性、学术性，即科学性。它要求人们要以科学的态度来对待大学生思想政治教育，树立科学精神，运用科学方法；要自觉加强科学理论、科学知识在教育中的分量；要努力掌握科学方法，借助先进的科技手段开展教育；要具有科学知识、法律意识和经济常识；要努力提高思想政治教育的理论学术水平、科学技术水平和方法艺术水平。而价值性是指大学生思想政治教育的革命性、党性、政治性、阶级性、意识形态性。它要求人们坚持大学生思想政治教育鲜明的目标导向、有选择的价值取向和坚定的教育倾向。也就是，思想政治教育不仅要对人们科学地揭示"是什么""为什么",更重要的是引导人们做出"要不要""好不好"和"是否应该"的明确选择。要把握阶级性,即为无产阶级服务,坚持社会主义性质和方向;要突出先进性,即以马克思主义为指导,建设社会主义核心价值体系;要体现超越性,即育人为本,德育为先,促进人的全面发展。这种真理性与价值性的统一,就是意识形态性与科学性的统一。意识形态性是思想政治教育目的性的体现,科学真理性是思想政治教育规律性的要求。科学真理性是基础,意识形态价值性是本质;缺乏科学真理性,易犯"左"的错误;缺失意识形态价值性,易犯右倾错误。所以说,意识形态价值性是思想政治教育的价值所在,科学真理性是思想政治教育的生命所在,只有实现两者的有机结合才能真正实现思想政治教育的科学化。

第二节 高校思想政治教育的功能

一、高校思想政治教育的政治功能

（一）当前高校思想政治教育能够有效推动社会的发展以及政治的稳定

社会主义意识形态以及我党所提出的政策、方针是高校思想政治教育工作中的重要内容。只有将这些内容转换为大学生的政治思想与政治行为,才能够确保我党的政策、方针能够得到落实与贯彻。同时,高校思想政治教育能够让大学生群体对我党政治、方针做出反馈,这些将成为高校乃至政府部门做决策的依据。由此可见,高校思想政治教育工作协调了大学生与高校、大学生与党之间的关系,从而推动了社会政治的稳定发展,强化了中华民族的凝聚力。所以大学生作为实现中华民族复兴的骨干力量,应当通过接受高校思想政治教育来强化民族自豪感、民族自信心,并对我党的政策、方针等内容做出积极响应。

（二）当前高校思想政治教育工作具有社会精神生产功能

社会精神生产功能与社会物质生产功能是社会生产的重要构成因素,其中精神生产功能对于社会发展的作用是不容忽视的。在高校思想政治教育工作中,教育者可以对大学生的政治思想做出科学引导,培养能够适应时代要求、服务于社会发展的高素质人才。同时,高校思想政治教育工作对与社会主流思想相悖的思想与行为做出批判,帮助大学生把握方向,分析形式,使大学生能够生活在正确的政治舆论环境中。显然,高校思想政治教育所具有的这一功能对于和谐校园的建设乃至和谐社会的建设都具有重要意义。

（三）当前高校思想政治教育工作具有政治关系再生产功能

思想政治教育历来被视作再生产既定的政治关系的重要工具。政治关系是基于经济关系之上的诸种社会关系的集中、综合的表现，是从事一定政治活动的人们之间内在、本质的关系。今天，在社会主义和谐社会建设时期通过各种途径，系统地对广大青年大学生进行主旋律的教育，其中，包括共产主义理想教育、爱国主义思想教育，集体主义道德观和各种行为规范的教育等，使其在成长过程中，逐渐学会从价值标准、行为规范、政治态度、理想信念等方面采用社会已确立的政治标准来衡量、约束自己，不断内化并和社会保持一致。这样才能使未来各级党政领导权力都牢牢掌握在忠于马克思主义的人的手里。

二、高校思想政治教育的情感功能

大学生正处于人生情感体验的关键时期，亲情、友情和爱情在这一时期都集中迸发，影响着学生的日常学习与生活，与此同时，对学生的人生观、世界观、价值观具有极其重要的影响。新时期的大学生受到各种社会思潮的影响，出现价值观多元化的现象。高校务必加强对学生的思想政治教育，发挥思想政治教育工作的情感功能。

大学生是思想政治教育的对象，是这一教育过程中的主体。高校在对学生进行思想政治教育过程中应树立"以学生为本"的教育理念，在尊重学生的基础上方能有效地进行思想政治教育。当代大学生个性较强，面对有新特点的青年学子，教师应充分尊重每位学生，建立平等的关系，让学生感受到师生之间的平等友好关系，使学生愿意打开心扉，传达自己的内心所想。教育者在充分了解学生的基础上，能因材施教，找到对学生教育的切入点，实现学生与教师之间心灵沟通与情感交流。

三、高校思想政治教育的文化创造功能

高校是社会的精神文明的重要创造场所，高校思想政治教育对社会文化的发展具有重要的推动作用。

（一）大力弘扬中华优秀传统文化

中华优秀传统文化是中华民族的根，高校应重视在对大学生进行思想政

治教育过程中灌输中华优秀传统文化教育，不仅是对中华优秀传统文化的传承，更有利于学生的个人成长与发展。教育者应当充实自己的传统文化底蕴，在教学过程中创新教学方式，让学生切实地感受到中华传统文化的博大精深，能够让学生充分认识到优秀传统文化对于中华民族发展的重要作用。高校要将爱国主义、集体主义和社会主义教育传授给青年学子，使其用这些精神财富作为自己进步的不竭动力，做到内化于心、外化于行。

高校思想政治教育是培养社会主义人才的重要方式，不仅能够坚定当代学生的社会主义信仰，还能提升大学生的道德情操，使大学生用正确的人生观、世界观和价值观指导自身的学习生活，规范自身的行为。教师应在博大精深的传统文化中，找到适合自己学生的文化精华，因材施教，将适合学生自身发展的传统文化传授给每位青年学子。

（二）引领主流文化

随着时代的发展，文化多元化的趋势不可避免。高校对大学生的思想引领应注重主流文化的引领与教育，以避免不良社会思潮侵蚀大学生的思想。主流文化是对社会秩序具有维护作用的文化，一般被大多数社会群众所接受。中国正处于改革开放的攻坚期，新机会与新挑战并存，如何提升广大大学生的凝聚力成为思想政治教育的重要任务。面对多重文化的挑战，高校应坚持对学生的主流思想的引领与教育，积极倡导具有中国特色的社会主义文化教育，用科学的理论武装大学生的头脑，为大学生的意识形态发展保驾护航。

情感功能、调节功能、文化创造功能是思想政治教育的重要功能。思想政治教育功能的发挥，不仅影响着每位大学生的人生发展，也关系到社会主义现代化建设的发展。思想政治教育的功能是不断发展变化的，不是一成不变的，时代的发展，中国特色社会主义事业的发展会赋予思想政治教育新的功能与新的价值。高校教师应在充分发挥思想政治教育现实功能的基础上，不断根据中国特色社会主义事业发展的需要挖掘思想政治教育新功能，为高校思想政治教育工作提供新方向。

四、高校思想政治教育的生态功能

首先，高校思想政治教育可以引导大学生树立生态责任感与道德责任感。高校通过开展生态学与环境学相关知识的宣传，帮助大学生树立正确的生态观，提高环境保护意识。通过思想政治教育促进知行统一，将正确的生态观、环境观内化为大学生的行为准则，同时也强化了道德信念。这样既推动了大学生的生态责任感与道德责任感的统一，也促使大学生以和谐发展为出发点，积极调整人与自然的关系，从而实现人与自然的和谐发展。

其次，高校思想政治教育能够引导大学生构建正确的生态思想与生态意识。以前由于人类错误的将自己当作自然的征服者与改造者，从自身的需求和利益出发一味地对自然进行开发改造，造成了生态环境的恶化，继而威胁到人类自身的生存。而高校思想政治教育能够引导大学生认识这种错误的思想与行为，明白人类需要发展，自然同样需要发展，在树立推动人类与自然共同发展的认知基础上，形成科学的生态思维与生态意识，更好地与自然和谐相处。只有这样，人类才能做到自我实现并获得可持续发展，而这也正是高校思想政治教育所应当具备与发挥的重要功能。

第二章 高校思想政治教育的角色研究

高校作为思想文化建设和人才培养的重要场所，在国家经济社会发展全局中居于重要地位，高校思想政治教育工作更是高校建设的生命线。一直以来，理论界对于高校思想政治教育的理论体系存在诸多观点。当前，高校所处的内外环境复杂多变，界定高校思想政治教育的实施者和接受者，概括其利益和意识，进而把握实现其主义和主题的方式，成为高校思想政治工作的基础内容之一。

第一节 高校思想政治教育的教师角色研究

思想政治教育是学校工作的一部分，却不是学校一部分人的工作，而应该是全体教育工作者的职责。专职思想政治教育教师包括思想政治理论课教师、辅导员和学生干部。同时，各类课程教师和其他各级各类党政管理干部亦具有不可推卸的育人职责。

一、新时代下高校思想政治教师队伍建设的强化

（一）我国高校思想政治教育中教师的特点

为切实提高思想政治教育的实效性，对于专职思想政治教育教师，必须实行严格的任职准入制度和培训制度，提高队伍的专业化程度；对于非专职思想政治教育教师，应努力提高其思想政治素质和思想政治意识，使他们真实、专业地意识到自身的育人职责。

1.高校思想政治教育中教师的德育特点

改革开放后，高等教育实现了跨越式发展，人才培养的数量和质量大幅提升。但在这种蓬勃发展的大背景下，高等教育更多地将目光锁定在"才"的培养上，某种程度上忽略了对"人"的关切。高等教育要重视才的培养，更要重视人的培养。

德育是高校对受教者的培养准则，也是施教者的育人准则。大学要培育有德行的学生，首先要培育师德，师德是教师的基础性素质，是教师的立师之本。立德树人理念从内在价值尺度和外在职业标准两个方面规范了教师的角色定位。"立德"是衡量教师优劣的内在价值尺度，构建了教师职业的精神追求；"树人"是衡量教师优劣的外在评价标准，构建了教师职业的使命担当。"立德"与"树人"在"如何做"和"做什么"两个维度上共同确立了高校教师的角色规范，成为高校教师的核心价值理念。

高校教师在立德树人理念中的核心地位缘于教师职业定位的重要性和特殊性。在"学生、学者、学术"高校的三个核心要素中，学者的重要性日益凸显。学者既是学生的施教者又是学术的创造者，失去学者也就失去了"大学之为大学"的内在动力。拥有什么样的学者就会形成什么样的大学，培育有德行的教师就能营造德行文化、培养出有德行的学生，建设有德行的大学。因此，高校要充分重视学者的主体地位，呼唤学者的主体意识，提升学者的育德水平，营造浓厚的德育氛围，让德育成为高校安身立命的根本。

教师职业定位的特殊性体现在身为人师和行为规范的职业使命上。高校教师对学生起着引导、示范、激励的作用，他们是世界观、人生观、价值观的携带者和传播者，其思想觉悟、政治立场、价值取向所外化出来的言传身教传达给学生，潜移默化地影响着学生的认知和判断。高校教师群体在左右了学生的价值选择和德行水平基础上，从某种程度上代表了学校的价值取向和德行标准。因此，高校教师的思想政治状态从某种程度上决定了高校的思想政治教育水平。

先"立德"后"树人"是高校教师职业的内在规定和必然选择，作为高校教师，要"立己德"而后"树人德"。那么立什么德？要立社会公德、职业道德、家庭美德、个人品德，要在"德"的框架下提升高校教师的精神内涵，约束高校教师的行为表达，培养他们广博的师爱、强烈的师责和崇高的师品，让他们成为人师之师，成为学生智慧的传播者和人生的启迪者。"树人德"就是让学生"作为人而成为人"，不能将学生锁定在成为"某种人"的工具理性上，而是在成为"人"的价值理性上，让学生具有健全的人格、向善的人性和高尚的人品，成为德才兼备的社会主义合格建设者和可靠接班人。

2.高校思想政治教育中教师的人文关怀特点

人文关怀核心在于肯定人性和人的价值，也是师德教育的基础。对学校而言，应坚持师德教育的人本性原则，从人的需求出发，尊重人的现实性，实现人的全面发展，积极为高校教师的困惑寻求出路，满足人的生存与发展需求，使他们在工作中拥有自我存在感、自我实现感、自我价值感。要深入了解教师的心理健康、生活处境和工作状态，满足他们的利益诉求、情感诉求，消除高校教师的后顾之忧，使他们全身心投入工作当中，实现精神的充实感、生活的幸福感、个人的自由感。对高校教师而言，高校教师要形成人本性教育观，不断提升自身学识魅力和人格魅力，妥善处理师生关系，营造和谐共进的师生氛围。高校教师要关注学生、尊重学生，形成开放、包容、自由、互动的教育模式，满足学生个性化成长需求，让教师成为学生的贴心人、领路人。高校教师要不断提升人文修养，不断丰富自身教育资源，不断完善自身教育手段，培养既具备有容乃大的文化情怀和独特犀利的文化眼光，又有健康向上的文化追求，能够做出科学合理的文化选择的大学生。

3.高校思想政治教育中教师的引领特点

在教育环境和教育对象发生深刻变化的同时教育理念、教育方法、教育载体不能以不变应万变，而要与时俱进，不断突破陈规，彰显优势。首先，创新教育理念，在思想观念多元化背景下，一方面要尊重差异，包容多样，另一方面要在多元中立主导，在多变中把握方向，确保教育理念的先进性、主流性；变管理为服务，思想政治教育组织者要低姿态进入，破除身份和岗位壁垒，尊重教师的主体地位，呼唤教师的主体意识，提高教师的主体参与度。要高度重视德育的重要性，发挥"德"对教师综合评价的主导性和主控性作用。其次，更新教育方法。将传统工具性教育转向目的性教育，由单向灌输转变成双向交流，丰富教育形式，教育过程要做到以理服人，以情感人，以德化人，让教师真正认识思想政治教育的价值，真正体悟思想政治教育的生命力，真正融入思想政治教育过程。再次，丰富教育内容。要充分发挥思想政治理论课主渠道作用，注重政治性、文化性、道德性相融合，在立德树人视域下开展政治教育和理想信念教育，在理论灌输中融入人文情怀和道德精神。教学内容上要科学设计，引入传统文化丰富资源和人类文明的重要成果，切实突出"德"在教学体系中的位置，提升思想政治课的文化品位和道德含量，切实增强教学的针对性、科学性、时效性。最后，拓宽教育载体。由于高校教师对传媒的敏感性、依赖性越来越高，高校要充分利用网络、手机等载体，拓展教育覆盖面，提高思想政治教育的普及性、常态性。要充分利用网络资源，提升网络建设，提高网络文化供给能力和网络教育专业化、科学化水平。建设贴近社会、贴近现实、贴近学生的主题网站、主题微博，在内容上，确保健康向上、内涵丰富、喜闻乐见；在形式上确保灵活多变、丰富多彩、时尚新颖，做到既有文化深度义有普及广度，既有文化内涵又有时尚元素，成为文化思想交流的重要平台。另外，在"自媒体"时代大背景下，要不断提高师生的媒介素养养成教育，引导广大师生在德行的背景下满足情感需求和自我认同。

（二）新时期加强和改进高校教师思想政治教育工作应达成的几点共识

1. 教师思想政治教育工作只有结合业务工作才有生命力

我们党一贯重视思想政治教育工作与业务工作相结合。教师思想政治教育工作离开业务工作就会成为无源之水，无本之木，而业务工作离开思想政治教育工作就会失去方向和动力。必须增强"渗透"意识，提高"结合"本领，把教师思想政治教育工作渗透到教学科研业务之中，努力避免思想政治教育工作与业务工作"两张皮"的现象，进一步增强思想政治教育工作的有效性。只有这样，教师思想政治教育工作才有旺盛的生命力。

2. 教师思想政治教育工作只有坚持以人为本才有感染力

坚持以人为本是思想政治教育工作的根本出发点。在重视加强思想政治教育工作的同时，要坚持以人为本，重视教师个人价值的实现和自身积极性、创造性的发挥，解决教师思想、工作、生活的实际问题，才能增强思想政治教育工作的吸引力，提高思想政治教育工作的有效性。

3. 教师思想政治教育工作只有坚持实事求是才有说服力

教师思想政治教育工作的基本方针是坚持正确疏导，说服教育，以理服人。思想工作如果不能实事求是，不能理论联系实际，即使花再大气力，用再多时间，实际效果也不会理想，反而坏了思想政治教育工作的名声。思想政治教育工作要联系国内外政治、经济、文化实际，联系改革开放的实际，联系学校改革与发展实际，联系教职工学习、教学、科研、生活实际，以理服人，求真求是，进一步增强说服力。

4. 教师思想政治教育工作只有坚持不断创新才有吸引力

教师思想政治教育工作史实际上就是一部创新史。随着改革开放的深入和市场经济的发展，教师的思想观念正在发生重大变化，教师思想政治教育工作如何适应新形势，这是高校面临的新课题。在新的历史条件下，要增强思想政治工作的针对性和吸引力，要树立体现时代特征的新观念，探索新方法，增添新内容，就必须发扬创新精神，做到在继承中创新，在创新中前进。

（三）新时代高校思想政治理论课教师队伍建设的强化

加强高校思想政治理论课教师队伍建设，是加强和改进高校思想政治理论课的关键环节。认真学习和贯彻落实中宣部、教育部工作会议精神，应进一步提高对此项工作重要性和紧迫性的认识，从增加高校思想政治理论课教师在教育教学中的科研含量入手，切实加强马克思主义理论学科建设，以学科建设支撑教育教学；下决心设置独立的思想政治理论课教学科研组织机构，为高校思想政治理论课教育教学和马克思主义理论学科建设提供坚实的组织保障。

1.不要让马克思主义理论学科建设成为高校思想政治理论课教育教学工作中的薄弱环节

要通过扎扎实实的努力，建设一支"让党放心、让学生满意"的思想政治理论课教师队伍，进而把思想政治理论课建设成为大学生"真心喜爱、终身受益"的优秀课程。要讲好高校思想政治理论课，要求有好的教材，可有了好的教材，为什么教学效果还不一样呢？这里最关键的、最基础的、最重要的在于必须有高水平的教师。思想政治理论课的政治性、政策性、理论性很强，而要使大学生对这样的课程爱听、能懂、有启发，还需要教师的讲授有艺术的水准，在教材体系向教学体系转化上下功夫，理论与实际联系，教学内容要鲜活，教学方法要得当，教学手段要新颖，等等。只有做到了这些，思想政治理论课才能有吸引力、感染力和说服力，才能实现教学内容进学生头脑的目的。加强和改进高校思想政治理论课，需要从教材建设、学科建设、教师队伍建设、教学方法改革和宏观指导等方面开展工作，而在这所有工作中，教师队伍建设是决定性因素，是重中之重。认真抓好这项工作，既是着眼长远建设的战略任务，又是目前工作需要突破的重点。

加强高校思想政治理论课教师队伍建设，以教学科研组织建设为平台，以选聘配备为基础，以培养培训为抓手，以学科建设为支撑，以制度建设为保障，以实现教学状况明显好转为目标，培养一批坚持正确政治方向、理论功底扎实、善于联系实际的教学领军人物、中青年学术带头人和学术骨干，努力建设一支政治坚定、业务精湛、师德高尚、结构合理的教师队伍。

2.增加高校思想政治理论课教师教育教学中的科研含量

讲好思想政治理论课，这是高校思想政治理论课教师的本职工作，也是日常的中心工作。这里需要进一步讨论的是，如何才能讲好思想政治理论课，才能使这种课程受到学生的重视和欢迎。其中一个重要条件就是教师得有科研能力和科研成果，这也是目前普遍存在的弱点。解决这个问题，切实加强思想政治理论课教师的科研能力，努力提高科研水平，力争用高水平的科研成果去支撑教学，这是加强思想政治理论课教师队伍建设工作中需要突破的重要一环。

3.促使高校思想政治理论课教师成为学科建设的骨干力量

加强马克思主义理论学科建设，是加强思想政治理论课教师队伍建设的一个关键环节，也是正确认识和处理思想政治理论课教师的教学与科研关系的核心问题。

随着客观形势的变化和学科发展的需要，我国正式设置了马克思主义理论一级学科，目前下设马克思主义基本原理、马克思主义发展史、马克思主义中国化研究、国外马克思主义研究、思想政治教育、中国近现代史基本问题研究等 6 个二级学科。这是党和国家加强和改进思想政治理论课的重大举措，是中央马克思主义理论研究和建设工程的重要成果。如果说，这些学科的设置只是为了思想政治理论课教育教学的要求，那肯定是片面的，因为这个学科在更大的领域中承担着研究和发展马克思主义理论、继续推进马克思主义中国化和大众化进程的任务，承担着不断培养适应改革开放和现代化建设所需要的思想政治工作者优秀人才的任务。但是，为高校思想政治理论课提供强有力的学理支撑，的确是这个学科设立和建设的一项十分重要的和首要的任务。在高等学校，学科建设是最具有整合力和影响力的工作，是各项工作中起龙头作用的关键环节，也是教师队伍建设的重要抓手。只有抓好学科建设，高校教师才有科研的平台和学术的家园。马克思主义理论学科的设立和建设，就是为了使思想政治理论课教师有自己的学科阵地，同时也为了吸引更多的优秀人才加入思想政治理论课教师队伍中来，从而为从根本上提高思想政治理论课的教学质量和教学水平奠定人才基础。不过，从目前的情况看，马克思主义理论学科建设对思想政治理论课的支撑作用还远远不够，一些高校的马克思主义理论学科点没有把为思想政治理论课服务作为学科建设的首要任务来对待，很多思想政治理论课教师还没有真正解决学科归属问题，还游离在马克思主义理论学科建设之外，这个问题必须尽快加以解决。

我们应该准确理解和把握中央独立设置马克思主义理论学科的意图和要求，促使思想政治理论课教师自觉进入学科建设的前沿阵地，尽快找到自己在学科建设中的位置，明确自己在学科建设中的任务，力争成为马克思主义理论学科建设的骨干力量。要通过马克思主义理论学科建设的带动作用，努力提高思想政治理论课教师队伍的整体素质和学科地位，增强他们的学科归属感和成就感。学科建设与教育教学密切相关，教育教学促进学科建设，学科建设支撑教育教学，这是两者之间的辩证关系。从学科建设的角度和高度看问题，思想政治理论课教师的知识面起码应该达到二级学科的范围，学术带头人和学术骨干应该具有一级学科的领域。就思想政治理论课教学来讲，思想政治理论课教师不要再以某一门课程论教学，而应该以某一学科论课程。已经具有的学科点应该明确学科规范，凝练研究方向，扎实推进工作，对于那些正在申报新的学科点的高校，更要注意学科要求，注意学科建设与教育教学之间的关系。即使是目前尚没有设立学科点的高校，思想政治理论课教师也不能游离于学科建设之外，也要以主人翁的姿态积极参与到学科建设中来，密切关注学科建设的最新成果，自觉用学科建设的成果来支撑思想政治理论课教学。在学科建设这个问题上，思想政治理论课教师应该有全员意识，学科建设、人人有责。如果我们这样做了，马克思主义理论学科建设与思想政治理论课教育教学就有希望获得双丰收，进而思想政治理论课教师也就从单纯教书匠的角色转变为马克思主义理论学者的形象。

4. 理顺高校思想政治理论课教师队伍的管理体制

各高等学校应该建立独立的、直属学校领导的思想政治理论课教学科研组织机构。这是认真分析多年来思想政治理论课教学科研组织机构的现状，是针对目前存在的实际问题提出来的，这个规定对于搭建高质量学科平台，凝聚高素质教师队伍，推动高校思想政治理论课建设，具有全局性和战略性意义。目前，我国高校思想政治理论课教学科研组织机构设置很不统一，大体分三种情况：第一种，设置有独立的二级机构，集中组织思想政治理论课教育教学和马克思主义理论学科建设，统一管理思想政治理论课教师队伍；第二种，虽然设置有相对独立的机构，但只是学校某一个学院管理下的三级甚至四级机构，这种情况目前还比较普遍；第三种，没有设置独立的组织机构，思想政治理论课教师分散在不同的专业院系，很多教师是作为第二职业来参与思想政治理论课教育教学的。因而，思想政治理论课教学科研组织机构设置比较混乱，名称也五花八门。特别是一些有马克思主义理论学科点的高校，将这个学科设置在思想政治理论课教学科研组织机构之外，使得学科建设与思想政治理论课教育教学分割开来，而且还使一些与马克思主义研究领域关系不直接的教师当上了这个学科的研究生导师，从一开始就对马克思主义理论学科起着一种瓦解作用。这种情况很不利于中央有关精神的贯彻落实，不利于思想政治理论课教育教学和马克思主义理论学科的统筹规划，不利于思想政治理论课教师队伍的领导和管理。

二、切实加强和改进高校辅导员队伍建设

长期以来，辅导员与学生朝夕相处，对学生有潜移默化的影响，在高校思想政治教育中具有特殊地位，是高校思想政治教育的基石，然而辅导员的现状却不容乐观，呈现出专业性、职业性不强，安全感、归属感、成就感缺失等特点，致使高校思想政治教育基础不牢。因此，必须切实加强和改进高校辅导员队伍建设，夯实高校思想政治教育的根基，从而为共产主义事业培养出更多的合格的建设者和接班人。

（一）辅导员在高校思想政治教育中的特殊地位

首先，辅导员在高校思想政治教育中的特殊地位是由辅导员在高校中的特殊性决定的。辅导员与大学生朝夕相处，他们与学生接触最多，他们的工作涉及学生的学习、生活等各个方面，学生进校第一个认识的老师是辅导员，平时接触最多的老师是辅导员，遇到问题或困难第一个想到的老师也是辅导员。因此，辅导员在大学生素质培养方面起着举足轻重的作用，辅导员的素质将直接影响大学生的素质。辅导员自身政治素质如何，直接影响学生的政治信仰，他们的言行对学生有潜移默化的影响。

其次，辅导员在高校思想政治教育中的特殊地位是由高校思想政治教育的特点决定的。高校是培养高素质人才的场所，同时也是培养社会主义建设者和接班人的场所。而且，高校思想政治教育的对象是大学生，青年学生是思想政治教育的重点对象，青年是社会主义现代化建设中的一支生力军，是祖国的未来和希望，他们的思想状况如何，将直接影响社会主义的稳定和发展，直接影响共产主义是否后继有人，并最终影响共产主义事业的成败。

此外，辅导员是天然的高校思想政治教育者。一方面，从辅导员的产生背景来看，清华大学是高校辅导员制度的发源地。1953 年 4 月 3 日，清华大学在向高教部、人事部请示设立大学生辅导员的报告中明确提出："拟选学习成绩优良，觉悟较高的党团员担任辅导员""培养辅导员成为比一般学生具有更高政治质量及业务水平的干部"。1987 年，中共中央在《关于改进和加强高等学校思想政治工作的决定》中明确指出："要建设一支坚强的马克思主义理论队伍和思想政治工作队伍。"另一方面，思想政治教育是辅导员天然的、最重要的工作内容。辅导员是大学生思想政治教育的骨干力量，辅导员必须具有坚定的共产主义理想和中国特色社会主义的信念，具有鲜明的政治态度和坚定的政治立场，掌握正确的政治观点，具备较高的理论素养。面对大学生在政治上追求进步的热情，辅导员唯有具备良好的政治素质，才能理直气壮，因势利导，保护好、引导好、发挥好大学生的政治热情，推动大学生思想政治教育。因此是否具备较强的政治素质是衡量高校辅导员是否合格的重要标志。

（二）高校辅导员队伍建设路径

1.构建高校辅导员资格认证机制

首先，必须对辅导员进行培训，开设思想政治教育、技术创新、创造学、管理学、心理学、政治学、社会学、教育学等课程，这有别于现在普遍实行的教师资格培训，要针对辅导员工作。其次，条件成熟的话，可以考虑设立全国辅导员资格认证机制，所有从事辅导员工作的老师，必须进行资格培训，并要突出对其思想政治素质以及思想政治教育方法进行培训，对培训合格的辅导员发放资格证书，资格证书可以分等级，如辅导员、初级辅导师、中级辅导师和高级辅导师等，辅导员至少取得辅导员资格证书才能正式上岗，这是辅导员走向专业化的一个重要制度保证。

2.进一步完善高校辅导员职称评定体系

当前，辅导员主要可以评高等学校学生思想政治教育助教、讲师、副教授、教授，即通常讲的政工系列，然而，从评价体系来看，辅导员与教学岗位的教师相比，从教学来看，辅导员虽然上课课时数可以是教师的1/3，但是，从目前辅导员的工作量来看，根本就无法全身心投入上好课，而且有的高校根本就没有给辅导员上课的机会；从发表论文来看，教师上完课就可以自由地搞研究，而辅导员必须坐班，甚至是经常加班，根本就没有足够的时间和精力来保证科研时间，而两者论文水平要求是相当的，因此，评同样等级的职称，辅导员要比教师难得多。当然，这并不意味着应放宽对辅导员的要求，而是应该进一步完善现有制度，一是切实减轻辅导员的工作量，可以考虑扩大辅导员数量，以保证辅导员有充分的时间和精力来进行教学和研究；二是可以考虑拿出"两课"的适当课时让辅导员来上，一方面，辅导员与学生联系较为紧密，比较了解学生思想状况，也便于进一步了解教育学生；另一方面，也为辅导员的出路创造条件，当然，也不能因此完全代替专门的"两课"教学；三是积极加大对辅导员科研资金投入，事实上，辅导员申报课题，比教师要难，而且社会对辅导员搞研究认可度不够，这样就很容易形成恶性循环，使得辅导员的处境和出路变得很艰难，辅导员流失也就不足为怪，辅导员队伍建设也就成了一句空话。

3.进一步完善高校辅导员激励机制

首先，学校应高度重视辅导员队伍建设。辅导员是高校思想政治教育的基石，没有高素质的辅导员队伍，就不可能有高校思想政治教育的良好局面，也就不可能培养出政治素质过硬的社会主义建设者和接班人。因此，学校在辅导员培训、奖励、晋升、管理等方面应给予充分重视和合理的安排；其次，建立和完善辅导员的物质激励制度。要提高辅导员的社会地位和调动辅导员工作的积极性，就要把辅导员队伍建设与改善辅导员物质待遇结合起来。既要提高辅导员的收入水平，使其与同期毕业的教师相当，又要切实关心他们的生活，帮助解决他们遇到的问题，消除他们的后顾之忧。对于"双肩挑"的辅导员，其辅导员工作量也要与教学工作量同等对待；再次，建立和完善辅导员的精神激励制度。全校上下要形成重视辅导员的良好氛围和导向，对于表现突出的辅导员，不仅在物质上进行奖励，还应配以精神激励。对于辅导员的典型，要进行宣传，号召大家向其学习。同时，对于综合素质较高的辅导员在选拔、管理、考核、培养、晋升等方面具有优先权或破格提拔权等，以强化激励效果。

三、基于"课程思政"的高校专业教师角色之变

（一）基于"课程思政"的高校专业教师的转变方向

教师角色代表着在社会中的职能和地位，蕴含着社会和教师本身的期望和要求。随着课程改革的不断推进和教育根本使命的践行，专业教师的社会期许、教学模式、师生关系发生了重大变革，与之相应的教师角色也应发生重要转变。

1. 育人角色的转变

所谓"课程思政"，就是高校的所有课程都要发挥思想政治教育作用。这意味着"课程思政"蕴含着强大的育人功能，它是引导教师主动承担教书育人使命的内生动力，也是专业教师角色转变的重要推力。专业教师育人角色转变：第一，要关注学生的身心发展，注重社会主义核心价值观的践行。专业教师在教学过程中要服从服务于学生的全面发展，既要引导学生对专业知识的勤奋学习，关注学生的内心世界和主体性发展，重视学生对良好思想品德的塑造；又要不断增强专业课的理论厚度、思想深度和情感温度，彰显专业课的专业风采和育人特色，使自身自觉成为社会主义核心价值观的传播者和培育者。第二，要坚持马克思主义意识形态的指导地位，为实现课程的育人作用提供根本思想保证。专业教师既要坚持以马克思主义为指导，自觉运用马克思主义的立场、方法、观点来从事教学、科研工作；还要以马克思主义思想为教学基础，积极主动地将马克思主义的立场、方法、观点"植入"课程的教学过程中，积极恰切地将专业知识与价值涵育有机融渗起来，从而实现专业课教学的育人作用。

2. 由专业知识的传授者向学科整合的探索者转变

思政课程走向"课程思政"的教学改革，要求所有课程都要突出思想引领和价值引导功能，这对探索全课程的思想政治教育体系具有重大的推动作用，而专业教师也应当由专业知识的传授者转变成融合多学科的整合者。第一，注重专业知识的传授，挖掘学生的潜能，满足学生全面发展的诉求。专业课教师担负着传授专业技能的任务，应当坚持以生为本，不断挖掘学生的潜在智能，变传统单一讲授方式为多元传播渠道、变宏观叙事为具体个案，

真正实现教材体系向教学体系的转化，使教学内容悄无声息地从入学生眼、入学生耳到入学生心，全方位多途径地促进学生的自由全面发展。第二，整合课程资源，增强思想政治教育的育人效果。专业教师需增强政治责任意识，在教学过程中自觉添加思想政治教育内涵，使其准备的教学工具、教学案例和教学实践能与思政课教学目标相辅相成，以便为构建"课程思政"提供扎实的理论基础和实践源泉。而且，所有课程都蕴含着丰富的德育内涵，人文学科课程含有对学生人文精神的熏陶，自然学科课程含有对学生科学精神的涵养，加强各类课程的相互关联、互相照应、相互映衬，能够逐渐增进思想政治教育教学的整体性，提升思想政治教育的同质效力。

3. 由学生学习的支配者向学习的引导者转变

和谐融洽的师生关系是学生成长成才和教师推进教学的重要导向，高校应当重视其在构建"课程思政"中的强大推力作用，不断激励专业教师成为塑造学生的"大先生"。第一，建立民主平等的师生关系，实现课堂上由单向灌输向双向互动方式的转变。"课程思政"的核心理念是育人，教书育人理应成为专业教师的硬指标而非软指标。聚焦学生的思想动态，关注学生的心灵成长，更是每位教师应当牢记的职责使命。专业教师在教学过程中应当切忌"填鸭式"或"注入式"的教育，确保受教育者的主体地位，促进教育方式的多样化。同时还要充分挖掘专业课教师的学识魅力和人格魅力，以严谨的教学态度和崇高的理想信念感染学生、征服学生，并重视言传与身教的结合，很多时候专业教师的榜样力量是教会学生学会关爱、学会宽容、学会感恩的动力之源。第二，转变教学观念，实现教学内容与学生需要的衔接。基于"课程思政"建设，专业教师在准确把握教书育人内涵、强调知识学习与价值认同并重的同时，还应在课堂教学中提倡问题式、案例式、讨论式的教学模式，不断活化教学内容，使其满足学生的多元发展需求、迎合课程改革的新任务。

4. 由学习组织的旁观者向协作学习的参与者转变

在"课程思政"建设中，专业教师应克服定向思维，不断完善沟通协作机制，尊重各学科之间相互依靠的本真状态。第一，转换教师角色，建立学习共同体。专业教师要消除自己的"旁观者"心态，破除内容与形式、教师与学生的虚幻"美感"，以共同愿景、共同旨趣为基础，加强师生间的互促互融，积极寻找课程与教学实践、教师与学生之间的契合点，使教学内容逐渐内化于心、外化于行，建立真实有效的学习共同体。第二，加强专业课教师与思政课教师的互通，摒弃重理论轻实践的"病态"思想，确保形成教育合力。"课程思政"要求对学生进行思想政治教育引导，不论是专业课教师还是思政课教师，从根本意义上讲，两者都属于教育者，都担负着育人的使命。

专业教师应规避简单的"拼盘"效应，制造学科内部的"化学反应"，加强多学科的相互融合。专业教师加强与思政课教师的沟通有利于更好地了解学生的内心世界和实际需要，并根据学生的代际特征、性格差异、兴趣爱好对症下药、因材施教，高度协同地促进学生德育和智育的发展。此外，不断组织学生进行课外实践活动，使学生亲自参与和互动，激发学生的自我教育和自主探索，才能在潜移默化中锻炼学生的品质和思想，增强学生的探究和创新能力。

（二）高校专业教师角色转化路径探析

随着新时代主要矛盾的转变以及社会价值多元化的发展，高校专业教师在参与构建"课程思政"的过程中，要充分认识到自己在思想政治教育中扮演着不可或缺的角色，积极理解育人理念和知识传授之间的辩证关系，不断加强角色自觉。

1.更新教育理念，创新教学方式

"课程思政"是引导学生主动接受知识、锤炼心志、养成品性的必然选择，专业教师理应在"课程思政"引领下不忘初心，明晰自身的教师角色，树立"课程思政"理念，竭力为国家培育高质量人才。首先，更新角色理念和教学观念是专业教师角色转换的基本前提。针对教师角色和教学理念，有工具性理念和价值性理念之分。当前，部分专业教师在一定程度上存在着重知识传授轻道德教育、重智力因素的培养轻非智力因素的培养的倾向。在"课程思政"教学模式下，专业教师应重新审视自己的角色价值，能够推进"从强调'教师应当如何'的具有宰制性的学者专业论述，到关注教师行动者对'我到底是谁'的自我定义、选择和建构的角色转变"，不断增强育人意识，重视道德引导，确立以育人为核心的教学理念，进而实现专业教师角色的创造性发展。其次，改进教学方式方法是专业教师角色转换的重要保障。在实施"课程思政"的基础上，专业教师可围绕教学途径和教学内容，重视角色的育人性，形成立体式的教学方法，并依据各种载体，巧妙地将社会主义核心价值观融入教学中，在引人入胜中实现立德树人的根本目标。同时，专业教师应创新传统文化、校园文化、网络文化、社会主义文化的协同方式，重视文化之间的耦合协调和良性循环，提炼文化隐性德育功能。

2.加强协同配合，提高自身素质

"课程思政"作为一项系统工程，实施的途径需要所有教师的共同参与、协同推进，此种情况下，专业教师应多措并举做好角色转换，加强教师队伍建设。首先，要提高专业教师的协同育人意识。在构建"课程思政"中，各专业教师间达成共识是推动高校育人工作顺利进行的前提条件。宏观上可打通学科间的壁垒，促进教师间的通力合作，增强对学生的思想政治教育，微观上可增强专业课教师与思政课教师之间的共融，发挥思政课教师的榜样示范作用，使专业教师认识到引导学生坚定信仰、树立正确观念是其义不容辞的职责。其次，要加强专业教师的素质建设，打造一支负有强烈责任感的教师队伍。研究生导师是具有相当专业技术的科研人员，其职务不仅具有专业化、职业化的特点，更是专业教师中强有力的代表。新时期，教育部印发了《关于全面落实研究生导师立德树人职责的意见》，其指出："强化了研究生导师基本素质要求，政治素质过硬、师德师风高尚、业务素质精湛是研究生导师必须满足的三大基本素质要求。"由此可见，国家高度重视专业教师的素质建设，不仅要培养专业课教师崇高的历史责任感和使命感，还要督促专业教师时刻谨记教书与育人相统一的原则，牢固树立自身的育人观念。

3. 加强顶层设计，建立和谐师生关系

高校"课程思政"建设需要做好顶层设计，统筹兼顾、科学规划，把专业课中挖掘出的价值范式转化成生动的思想政治教育教学载体，并建立和谐亲密的师生关系，达到立德树人的根本目标。首先，专业教师要做好"课程思政"的顶层设计，实现"传道"与"授业"的有机交融。专业教师既要高标准地要求自己，不断丰富自己的德育知识，切实肩负起教书育人的崇高职责，也要充分理解和把握立德树人的深刻内涵；要深度拓展教学内容，延伸教学案例，挖掘专业课中的思想政治教育资源，做好教材教法、教学模式和教学资源的整体规划。同时，充分运用课堂教学与实践教学两个载体，采取集体备课的教学形式，使"课程思政"建设落细落实。其次，要建立和谐有度的师生关系，为德育的有效实施奠定重要基石。健康的师生关系不仅是促进学生全面发展的内在要求，更是加强学生素质教育的根本保证。专业教师在课程实施过程中不仅要做到具体情况具体分析，根据不同学生的身心发展需求因材施教，而且要站在思想政治教育的角度，不断更新自我、以身作则，时刻牢记自身的行为方式、道德修养、价值倾向等都有可能影响到学生，切实成为学生的道德表率，修炼学生的良好品行，有利于和谐师生关系的建立。

4. 推进课程交融，挖掘思政资源

立德树人是专业教师履行职责、承担使命的重要表现，专业教师应采取有力措施，融思想政治教育与专业课教育于一炉，推动专业课与思政课共同发力。首先，推进专业课教学与思想政治教育同向发力，实现两者的互嵌和互补。"课程思政"意味着所有课程都有育人的功能，专业教师在教学过程中要有意识地掌握思想政治教育的动态，明确思政课的内容要义。在对学生进行知识传授时，应时刻牢记自身的育人职责，主动构筑知识与人之间的交融关系，激活知识的生命气息，在知识传授中探索其固有潜在的德育本性，从而增强对学生理想信念、爱国主义和职业道德的教育。其次，挖掘思想政治教育资源，增强思想政治教育的感染力。课堂教学是教师与学生双边活动的重要场所，专业教师在教学活动中应坚持以育人为依托，不断改进和创新教学方法，润物无声地添加思想政治教育因子，使课堂教学体现出教学内容的科学性和教学艺术的育人性，让学生在不知不觉中接受思想政治教育。专业教学还要实现课堂到课外的突破，重视实践教学，并依托爱国主义基地、国防教育基地、纪念馆、重大历史纪念日等红色资源，积极开展生动活泼的弘扬正能量的社会公益活动，润物无声地促进学生崇高道德素质的养成。

第二节 高校思想政治教育的学生角色研究

改革开放 40 年来，我国大学生思想政治教育始终坚持中国共产党关于思想政治教育的正确指导方向，在改革中探索和继承中创新，在实践中发展，注重提高思想政治教育的针对性、实效性、吸引力、感染力和说服力，培养德、智、体、美全面发展的中国特色社会主义事业合格建设者和可靠接班人，成就斐然，举世瞩目。总结改革开放以来大学生思想政治教育的特点及其客观规律、借鉴经验、吸取教训，具有重要的理论意义和实践价值。

一、高校思想政治教育中大学生的角色特点

大学生思想政治教育紧跟党的理论创新步伐，植根中国特色社会主义建设的生动实践，准确把握教育环境与教育对象的新变化，有效利用新的技术手段，积极构建新的领导体制和工作机制，同时也在创新发展中推动我们党形成了关于大学生思想政治教育新的理论成果。所有这些方面，共同构成改革开放以来大学生思想政治教育与时俱进这一突出标志的重要内容。但我们也应当看到，大学生思想政治教育目前也面临着新情况和新挑战，需要寻找新的理论突破口和实践切入点。因此，深入研究我国思想政治教育的特点及其变化规律，具有重要的借鉴意义。

（一）我国高校思想政治教育中大学生的主要任务

《中共中央国务院关于进一步加强和改进大学生思想政治教育的意见》提

出的大学生思想政治教育四项主要任务，深刻回答了"培养什么人"和"怎样培养人"这一我国社会主义教育事业发展中必须解决好的根本问题。同时，也是对大学生提出了"做什么人"和"怎样做人"的基本要求，对大学生思想政治教育提出了"开展什么教育"和"怎样教育"的根本要求。

1.以理想信念教育为核心，深入进行树立正确的世界观、人生观和价值观教育，主要解决正确认识党举什么旗帜、国家走什么道路和自身社会责任问题，不断夯实大学生的思想政治素质基础理想信念是思想政治素质的灵魂

理想信念，是一个政党治国理政的旗帜，是一个民族奋力前行的向导，也是大学生奋发向上的动力。大学阶段是提高大学生思想政治素质的重要时期，思想政治素质的基石是理想信念，理想信念是思想政治素质的灵魂。对大学生进行理想信念教育，关系到党和国家的长治久安，关系到中华民族的前途命运。只有教育引导大学生确立坚定的理想信念，才能教育引导大学生树立正确的世界观、人生观和价值观，才能形成良好的思想政治素质。

理想信念教育要立足于引导大学生自觉把自己的人生追求同祖国的前途命运联系起来。教育引导大学生，要珍惜年华、刻苦学习，努力用人类创造的一切优秀文明成果武装自己，掌握为祖国、为人民服务的真才实学；要深入群众、投身实践，切身感受时代脉搏，虚心向人民学习，克服自己的弱点和不足，更快更好地成长和成熟起来；要磨炼意志、砥砺品格，树立用诚实劳动创造美好生活的思想和精神，从小事做起，从一点一滴做起，时刻准备着担当历史重任，在为实现中华民族伟大复兴的奋斗中谱写壮美的青春之歌。

2.以爱国主义教育为重点，深入进行弘扬和培育民族精神教育，主要解决确立国家和民族意识的问题，在大学生中形成民族精神和时代精神相结合的精神状态

牢固树立爱国主义思想，是大学生能够坚定不移、百折不挠地为祖国、为人民贡献智慧和力量的重要思想基础。高校是弘扬和培育民族精神教育的重要阵地，所有教师都应深入发掘蕴含在各类课程中的民族精神和时代精神教育资源，把弘扬和培育民族精神、时代精神贯注到知识传授之中，渗透到校园文化之中。要在大学生中大力弘扬以爱国主义为核心的团结统一、爱好和平、勤劳勇敢、自强不息的伟大民族精神，倡导一切有利于民族团结、祖国统一、人心凝聚、社会和谐的思想和精神；倡导一切有利于国家富强、人民幸福的思想和精神，引导大学生增强民族自尊心、自信心、自豪感，做到以热爱祖国、贡献全部力量建设社会主义祖国为最大光荣，以损害社会主义祖国利益、尊严和荣誉为最大耻辱。

激励大学生弘扬以改革创新为核心的时代精神。以改革创新为核心的时代精神是中华民族在世纪之交崛起的动力。当代民族精神就是时代精神。要深入开展中华民族优良传统和中国革命传统教育，使大学生了解中国共产党在领导中国人民建立和建设新中国的奋斗中表现出来的革命气概，懂得中国共产党是民族精神的继承者和创造者。要把民族精神教育和以改革开放为核心的时代精神教育结合起来，引导大学生在中国特色社会主义事业的伟大实践中，既大力弘扬民族优秀传统，又大力弘扬井冈山精神、长征精神、延安精神、大庆精神、"两弹一星"精神、雷锋精神、抗洪精神等革命传统和时代精神，努力使中华民族优良传统、中国革命传统和改革开放的时代精神深入人心。

3.以基本道德规范为基础，深入进行公民道德教育，主要解决如何做人的问题，在知行统一的过程中形成良好的道德品质和文明行为

基本道德规范是引导大学生做"四有"新人的重要准则和导向。形成良好的道德情操和道德修养，自觉遵守道德规范、进行道德自律，是一名合格人才和公民必须具备的基本素质。大学生时期是人生形成自觉道德意识的重要阶段，在这个时期形成的思想道德观念对他们一生影响很大。加强和改进大学生思想政治教育就应该把帮助和促进大学生形成良好的道德情操和道德修养摆在重要位置，就应该教育引导大学生明确"做什么人"和"怎样做人"的基本道理。

要以为人民服务为核心，以集体主义为原则，以诚实守信为重点，对大学生深入进行道德教育。为人民服务是社会主义道德建设的核心，集体主义是社会主义道德建设的原则，诚实守信是大学生立身之本。认真贯彻《公民道德建设实施纲要》，广泛开展社会公德、职业道德和家庭美德教育，积极开展道德实践活动，把道德实践活动融入大学生学习生活之中，引导大学生自觉遵守爱国守法、明礼诚信、团结友善、勤俭自强、敬业奉献的基本道德规范，正确处理个人与社会、个人利益与集体利益、竞争与协作、经济效益与社会效益等关系，养成良好的道德品质和文明行为。特别要对大学生有针对性地进行诚信教育。诚信是公民思想道德素质最核心的外在表现，是大学生踏入社会的身份证。不诚信的种子所结出的恶果将危及社会并殃及自身。要教育大学生树立守信为荣、失信可耻，以诚待人、以德立身的道德观念，讲诚信、讲道德，言必信、行必果。道德教育要坚持知行统一，引导大学生从身边的事情做起，从具体的事情做起，通过多种方式，把道德教育搞得丰富多彩、生动活泼、扎实有效。

4.以大学生全面发展为目标，深入进行基本素质教育，主要解决提高综合素质的问题，使大学生做到德才并进、和谐成长

促进大学生全面发展，对促进人的全面发展、提高全民族素质，具有重大意义。大学生的全面发展，不仅仅是知识的丰富和技能的提高，而是思想道德素质、科学文化素质和健康素质的全面发展。必须坚持以人为本，以大学生全面发展为目标，教育引导大学生既要学会做事，又要学会做人；既要打开视野、丰富知识，又要增长创新精神和创新能力；既要发展记忆力、注意力、观察力、思维力等智力因素，又要发展动机、兴趣、情感、意志和性格等人格因素；既要增添学识才干，又要增进身心健康。要加强社会主义民主法制教育，加强人文素质和科学精神教育，加强集体主义和团结合作精神教育，促进大学生思想道德素质、科学文化素质和健康素质协调发展，引导大学生在增长科学文化知识的过程中提升思想政治素养，知行合一，德才并进，和谐成长。

（二）新时代下我国大学生思想政治教育发展特点

20世纪70年代"文化大革命"刚结束，明确了把科教的发展作为发展经济、建设现代化强国先导的地位与作用；1978年12月召开的十一届三中全会，全面拉开了中国改革开放的序幕，此后的40多年来，我国社会发生了深刻的变化，其中大学生思想政治教育也伴随和适应这一变革，先后经历了恢复与发展、加强与改进、强化和创新三个历史阶段。正是这三个历史阶段，见证了改革开放以来我国大学生思想政治教育的特点及其变化规律。鉴于40年以来大学生思想政治教育具有明显的阶段性特点，以下将分为三个阶段对改革开放40多年以来大学生思想政治教育进行基础性解析。

1.20世纪70年代末至20世纪80年代末，党在全面改革开放、建设社会主义现代化的历史时期所开展的大学生思想政治教育

党在全面改革开放、建设社会主义现代化的伟大历史时期中所开展的思想政治工作主要包括拨乱反正、进一步加强和改进思想政治工作，开创了社会主义现代化建设的新局面，正式形成了邓小平思想政治工作理论体系等。其中与大学生思想政治教育相关的内容主要包括在全国范围内开展关于人生观的大讨论、在高校范围开展向英雄人物学习的活动、学习无产阶级革命家著作、开展社会实践活动、强化学校思想品德课教学、在高校范围开展"五讲四美三热爱"活动等。这段时期我国大学生思想政治教育的主要特点是：确立了实事求是、坚持说服教育的原则以及符合时代要求的说服教育、引导渗透为核心的思想政治教育模式。在教育方法上，坚持

寓教于乐原则，除课堂讲授外，还采用了专题讨论、参观访问、社会调查和各种其他形象化的手段，力求通过组织丰富多彩、学生喜闻乐见的文化、娱乐、体育活动感染学生、影响学生、引导学生，把党和国家提倡的方针、政策渗透、融化到各项活动过程中去，用健康有益的思想文化占领思想阵地和意识形态阵地。党中央、国务院高度重视大学生思想政治理论课程改革，相继颁布多个关于改进和加强各高校马克思主义理论教育的文件，提出了切合各高校实际的意见和政策措施，形成并实施了"85方案"，增设了《共产主义思想品德》《法律基础》《形势与政策》等课程，积极开展爱国主义、集体主义、社会主义教育及中华民族传统美德教育。各地高校逐步恢复了高等学校正规化的马列主义课程设置和课程教学，组建了马列主义教研室，注重分析学生的思想动态，加强协作，不断提高马列主义课程的教学质量。

2. 20世纪80年代末至21世纪初，党在面向21世纪全面推进建设中国特色社会主义事业的历史时期所开展的大学生思想政治教育

在领导全国人民开创社会主义现代化建设新局面、把建设中国特色社会主义伟大事业全面推向21世纪的重要战略机遇期中，党的第三代中央领导集体确立了社会主义市场经济体制改革目标并初步建立社会主义市场经济体制。在此期间国际形势剧烈变动，国力竞争异常激烈，各种思潮相互激荡。党的第三代中央领导集体分别在不同时期、针对不同情况、从不同的角度深刻地阐明了大学生思想政治教育的地位和作用，提出了加强和改进大学生思想政治教育的指导思想和战略部署，开创了大学生思想政治教育工作的新局面。进入20世纪90年代以来，各高校非常重视课堂教学在大学生思想政治教育中的主导作用，除了进一步加强马克思主义理论与思想品德课建设外，还相继开设了一系列颇具特色的人文素质课程、科学技术课程。与此同时，校园文化、大学生社会实践、心理咨询与辅导、网络教育、大学生素质拓展、职业生涯规划、大学生形势报告会、大学生志愿服务西部计划、大中专学生暑假"三下乡"社会实践等一批新的大学生思想政治教育形式应运而生，在一定程度上创新了大学生思想政治教育的渠道，特别是与实际生活贴近的素质教育、第二课堂等概念，对于逐步构建系统全面、高效务实的育人网络起到了积极的促进作用，对大学生思想政治教育的理论与实践创新也发挥着重要作用。

3. 21世纪初至今，党在全面建设小康社会实现经济社会又好又快科学发展的历史时期所开展的大学生思想政治教育

随着改革开放的深入，我国社会主义现代化建设进入了一个崭新的发

展阶段，经济体制深刻变革，社会结构深刻变动，利益格局深刻调整，思想观念深刻变化。大学生思想政治教育呈现出一系列重要特征，工作要求越来越高，挑战越来越大。党中央对此高度重视，始终把加强和改进大学生思想政治教育工作作为贯穿中国特色社会主义事业全过程的一项重要战略任务，把促进大学生的全面发展，满足大学生日益增长的文化需要放在更加突出的位置，注重以人为本开展高校大学生思想政治教育，各项工作在加强改进中创新发展，在重点突破中整体推进，取得了新的成效。高校思想政治教育作为高校思想政治工作的基本内容，是以学生为核心开展教育，以高校学生为基点，时刻关注高校学生的成长规律与现状，指导学生掌握并能熟练运用马克思主义理论的观点去分析问题、解决问题，不断提高高校学生的思想水平和政治觉悟，促进学生的全面发展，引导学生从国情出发，了解历史发展方向，把握中国特色社会主义事业的发展现状；从自身出发，根据自身实际情况制定可行性计划、树立可实现目标，实现自身的全面发展，进而为中国特色社会主义事业的发展和实现中华民族的伟大复兴而不懈奋斗。

（三）新时代下我国大学生思想政治教育的规律探索

回顾我国 40 年的改革开放历程以及所对应的大学生思想政治教育，各个阶段都呈现出不同针对性的特点：1978 年 12 月十一届三中全会——1989 年 6 月十三届四中全会阶段的我国大学生思想政治教育体现出"准确定位，勇于挑战，讲求实效"的特点；1989 年 6 月十三届四中全会——2002 年 11 月十六大阶段则体现出"坚定信念，顺应潮流，实事求是"的特点；2002 年 11 月十六大至今阶段体现的是"着眼未来，与时俱进，科学发展"的特点。总的说来，40 年以来的大学生思想政治教育都是围绕并服务于伟大的改革开放这一中心任务，同时借助高等学校这一特殊载体发挥了为党和国家培养数以万计的专门人才前沿阵地的重要作用，40 年以来我国大学生思想政治教育的理论基础、指导思想、方式方法、内容载体在不同历史阶段前后呼应，一脉相承，共同促进，发挥了思想政治教育作为强大理论武器指导伟大改革开放具体实践的核心作用，形成了许多宝贵经验和规律性认识。

1. 始终坚持走改革开放之路，保证大学生思想政治教育的正确方向

改革开放以来我国坚持科学社会主义的原则，开辟了符合我国国情、体现时代特征的中国特色社会主义道路，并形成了中国特色社会主义的理论体系。高等学校是培育和造就中国特色社会主义事业需要的德智体美全面发展合格人才的重要阵地，也是落实大学生思想政治教育任务的首要阵地，是贯

彻落实党的教育方针、坚持社会主义办学方向的集中体现。40 年以来改革开放的各个阶段，党和国家特别是高等学校通过开展艰苦卓绝、扎实有效的思想政治教育工作，让大学生懂得了只有改革开放才能发展中国、发展社会主义，必须始终不渝地走中国特色社会主义道路，自觉地把个人的理想信念与实现社会主义现代化建设、全面建设小康社会宏伟目标紧紧地结合起来，树立正确的世界观、人生观、价值观，把个人的成长进步融入推动国家富强、民族振兴的伟大历史进程中，在为祖国和人民的奉献中体现当代大学生的人生价值。

2. 始终定位于大学生全面发展，提高大学生思想政治教育的针对性和实效性

改革开放以来，各大高校大学生思想政治教育十分重视以人为本，十分重视人的全面发展这一核心理念，各个阶段的大学生思想政治教育都十分重视教育的针对性和实效性，这一经验和理念始终贯穿于改革开放以来大学生思想政治教育每个阶段。40 年以来，党和国家非常重视人与社会、国家、民族和谐发展的自然规律，无论何种时期，都遵从时代发展和社会进步的要求来确定大学生全面发展的阶段性目标，强调教育者教育引导作用，尊重教育对象接受教育、主动学习的主体地位，充分发挥教育对象在教育活动中的自觉能动作用，各个不同历史时期都非常注重大学生的全面发展与和谐发展，努力促进大学生的思想道德素质、科学文化素质和健康身体素质的协调发展。

3. 始终坚持实事求是、科学发展，增强大学生思想政治教育的吸引力和感染力

改革开放 40 年以来，高校大学生思想政治教育工作自身由于坚持从实际出发，遵从思想政治教育的基本规律，按要求办事，逐步将以被动需求为主的教育理念完美过渡转变成为与 21 世纪高校人才培养目标相契合的新型大学生思想政治教育观念，从根本上实现了"要我做"向"我要做"的成功转型。历史和经验都表明，大学生思想政治教育工作之所以能体现时代性、把握规律性、富于创造性、增强实效性，就是因为 30 多年的伟大改革开放实践为大学生思想政治教育的进步和发展本身提供了难得的历史发展机遇，在坚持实事求是的基础上科学发展和转变自身的工作理念，在伟大的改革开放、科学发展的实践中验证实事求是的正确性和必要性，并通过不断创新途径、方法、观念、内容、模式、载体，注重贴近实际、贴近生活、贴近学生，推进大学生思想政治教育理念、体制、机制以及方式方法创新，为培养社会主义合格人才提供强大的精神动力和思想保证，不断开启高校大学生思想政治教育工

作的全新局面，切实提高大学生思想政治教育的吸引力和感染力。

新时代里，大学生思想政治教育内化新理论、感知新实践、把握新特点、运用新技术、汲取新知识、构建新体制、形成新成果，走过了创新发展的不平凡历程。历史是一面镜子，我们要从历史中总结大学生思想政治教育成功的经验和失败的教训，并努力从中揭示出大学生思想政治教育的规律，以利于大学生思想政治教育在新的历史时期不断得到完善和发展。

二、高校思想政治教育在大学生就业指导中的作用

随着高校教育体制改革的不断深入，办学规模的不断扩大，大学生就业工作成为社会关注的焦点。大学生能否顺利就业，直接影响着我国高等教育的发展，影响着改革开放和现代化建设。近年来，在大学生就业过程中，面临着"有业不就"和"无业可就"的双重压力，就业难的一个重要原因在于大学生的就业观和择业观。引导大学生树立正确的择业观和就业观，是思想政治教育的一项重要内容。如何发挥思想政治教育在大学生就业指导中的作用，越来越受到人们的重视。

（一）目前大学生在就业环境中所暴露的思想问题

1. 部分毕业生思想状态低迷，对于"双向选择"缺乏机会和主动性

各高校的连年扩招和市场有限的人才吸纳能力之间的矛盾，使许多大学毕业生在就业过程中难以找到"合适"的工作，尤其是那些所谓"冷门"专业的毕业生，这一现象则更为突出。许多大学生因为找不到"合适"的工作而自暴自弃，以至于出现自杀的悲剧；个别学生甚至产生报复他人、报复社会的想法，从而走上犯罪的道路。目前，高校毕业生就业过程中存在的一些不公平现象，也极大地扼杀了许多大学生"双向选择"的积极性。例如：许多优秀毕业生在就业签约的过程中一波三折，而一些平时表现差、甚至几门功课不及格的学生却凭借着特殊的人际关系和家庭背景，轻而易举地获得了热门单位的就业招聘名额，这种现象严重挫伤了部分大学毕业生的积极性，让他们认为就业实际上就是学生家庭背景的竞争，这使得许多家庭出身贫寒的大学生对"好"工作望而却步。

2. 大学生就业存在着一定的不稳定性

大学毕业生在就业中的不稳定性，主要表现为大学生本身对于已拥有的工作缺乏持久的毅力。应届毕业生就业成功率低，许多应届毕业生刚就业就辞职；而薪水不满足、待遇不够好、职位不够理想、专业不对口、前途不光明、想落户大城市等是毕业生刚就业就辞职的几大理由。当然，此问题与部

分用人单位以及一些相关的制度也有一定的关系。例如：用人单位招聘早，研究生招考、公务员招考却进行得较晚，一些毕业生为求"双保险"，先签约，再考研或报考公务员，如果考上了就选择毁约也不足为怪；此外，部分用人单位在招聘时所承诺的相关待遇与实际出入较大，也是毕业生选择跳槽的重要原因之一。但是，我们不能不遗憾地看到，在一些先就业、后违约的过程中，许多毕业生未表现出任何的职业道德修养，他们丝毫不考虑用人单位的需要和给学校等相关部门造成的社会影响，更没有体现出忠于本职工作的奉献精神和职业道德。

3. 学校"发展性"就业指导欠缺

长期以来，高校的就业指导工作大多停留在对学生择业阶段的指导，属于"问题性"指导，只重视择业问题而忽视了更为重要的对学生职业能力的培养，而"发展性"指导这一就业指导中的核心工作做得还远远不够。同时，高校就业指导人员的工作得不到应有的支持。由于从各级教育行政部门到高等学校，尚缺乏相应的管理机构和管理人员，就业指导教师的资格认定、职称评定尚没有规范的标准，一些指导人员的工作积极性、主动性不能得到充分的调动。

4. 学生就业意识淡薄，缺乏主动性

受中国传统观念和应试教育的影响，学生从小到大都是按部就班，很少有足够的时间去思索自己的兴趣爱好，很少与社会接触，而接触职业的各种信息更少，且很少主动探索和独立思考自己人生道路发展问题。不少学生照抄、照搬别人的经验和做法，不经过认真思考其优劣，就为己所用。进入大学后，不少学生仍然很少主动去了解社会、了解职业，用生涯辅导的概念来谈，是生涯责任感的不足。主体意识的淡薄，在很大程度上束缚了学生的思想。这导致学生在就业求职时，主动性不够，较多地依赖学校、教师和家长等，很少主动寻找就业信息。在求职过程中，就业自主能力不够，缺乏求职技巧，方式不够有效，不懂就业政策，环境适应能力差等。此外，不少学生还存在创业意识欠缺，创业期望值过高，创业能力不足等问题。

5. 学校具体就业指导与现实脱节

在实践操作中，当前我国高校的就业指导服务项目比较单一，大部分还停留在传统的就业政策咨询、派遣等工作，政策解说、组织招聘活动，再加以传授学生喜欢的技巧指导。毫无疑问，这些工作对学生就业是有帮助的，但这种应急性安排，同学生的职业生涯预备和发展相分离，只重就业之果而忽视发展之根，本末倒置。要开展就业指导工作，无论是培养、培训人员、购置设备仪器、组织教学研讨还是测试、调研、参观、见习等都需经费，而据调查，不少学校的就业指导工作专项拨款远不能满足其实际需要。

（二）高校思想政治教育对大学生就业的指导作用

针对高校学生就业中的问题，思想政治教育工作要把就业指导作为新的载体和工作重点。思想政治教育工作要注重人文关怀和心理疏导的要求，突出人性化。要紧紧把握大学生就业过程中思想教育的新动态、新特点、新需求，将思想政治教育做深、做细，充分发挥思想政治教育的引导作用。

做好大学生就业指导工作是一个系统工程，学校的各种教育因素都有不同的作用，其中思想政治教育发挥着极其重要的作用，是大学生就业指导的核心和灵魂，并贯穿全过程，其作用表现在以下几方面：

1. 帮助大学生了解就业形势和就业政策

（1）思想政治教育，可以帮助大学生了解就业形势和就业政策

提高大学生对我国就业制度改革必要性、重要性的认识，引导学生认识就业制度改革的方向、步骤，认清国家现行的就业方针、政策，从而调整自己的就业期望，自觉接受政策的约束，在政策的范围内就业；引导学生认识和对待就业制度改革中出现的新情况、新问题，及时解答他们对就业形势认识中的困惑和疑问；引导大学生学会运用马克思主义的立场、观点和方法分析形势，正确认识就业形势中的主流和支流、全局与局部、眼前利益和长远利益的关系，在正确的认识和观念下进行正确的就业选择。

正确的择业观和就业观能引导大学生不断完善自己的知识、结构，培养良好的素质，以适应时代的发展和社会的需要；能约束大学生的择业行为，树立良好的求职求德；能促使大学生在复杂多变的社会环境中尽快转变角色，激励他们在任何职业领域都爱岗敬业。思想政治教育是帮助大学生树立正确的择业观和就业观的基本途径。

（2）帮助大学生树立正确的择业理想观

择业理想是人们对未来职业的向往和追求。思想政治教育能引导大学生明确自己的职业理想，并为之不懈地奋斗，同时又能帮助大学生认识到个人理想是和社会理想紧密联系的，引导他们在为实现崇高的社会理想而奋斗的过程中实现自己的个人理想。能帮助他们从现实出发，调整就业期望，并为理想的实现创造条件。

（3）帮助大学生树立正确的职业价值观

马克思主义的职业价值观含两个方面：一是个人在从业过程中对社会的责任和贡献；二是社会对个人的尊重和满足。通过思想政治教育可以让学生

懂得，一个人无论职务高低，能力大小，学历深浅，工作性质如何，只要努力工作，就会在对社会贡献中实现自身价值。

（4）帮助大学生树立正确的择业目的

使大学生认识到无论身在何处，都应当心系祖国，在服务祖国和人民中实现自己最大的价值。

2.清除大学生就业过程中各种不良思想的侵蚀

我国正处在一个社会急剧变化，新旧观念不断更新、更换的时期，在旧的观念没有完全打破，新的观念没有完全建立起的转型条件下，再加上各种外来思潮的冲击因素的影响，导致大学生在就业过程中很容易受各种不良思想的影响和侵蚀。防止和清除不良思想的影响，对于大学生树立正确的就业观念，顺利成才是非常重要的。思想政治教育可以在一定程度上防止和消除大学生遭受不良思想侵蚀。解决思想领域的问题，不能靠强迫命令，只能靠深入、细致、长期、耐心的思想政治教育。

（1）思想政治教育能帮助大学生抛弃旧的思想观念，不断引导和促进大学生更新观念，树立新的择业观和就业观。当前，大学生就业方式是我国改革进程中的新事物，需要大学生树立起全新的择业观念。思想政治工作的渗透性决定了它能把思想教育和就业指导结合起来，采取多种形式，利用各种载体广泛影响大学生的思想，从而引导大学生抛弃传统的与当前就业制度和就业方式不相适应的思想观念。

（2）思想政治教育能够积极引导大学生认识拜金主义、享乐主义、极端个人主义的危害性。坚持以及马克思主义的集体价值观为指导，正确处理个人利益和集体利益的关系。

（3）思想政治教育还能引导大学生用马克思主义的立场，观点分析问题。解决问题。提高鉴别力和意志力，抵制各种不良思想侵蚀。

3.及时纠正当前大学生在求职择业时思想和行为上存在的偏差

随着高等教育体制的改革，高等教育步入大众化时期，大学生就业压力加大，大学生不自觉地把是否有利于就业作为衡量各种问题的标准。加之思想上的一些误解和困惑，必然导致一些错误的思想和行为，当前，大学生在求职就业时思想和行为上主要存在的偏差表现在：对学生出现的"就业难"存在认识上的偏差；择业观念趋向功利化；大学生在求职就业时存在诚信缺失行为；大学生在择业过程中出现不良心理，主要有自负心理、自卑心理、攀比心理、挫折心理等。思想政治教育以其特有的转化功能和调节功能，可以及时纠正大学生在求职择业时思想和行为上出现的偏差。

（1）思想政治教育通过向大学生注入新的知识影响或改变其原来错误的

体系，使大学生对就业问题有一个全面、正确认识，使其在认识上发生转变。

（2）通过反复教育使大学生对新的知识产生认同，然后服从，最后内化形成自己的新的正确的思想观念，比如新的择业观。

（3）这种新的思想观念会促使大学生对错误的行为进行纠正。如大学生有了诚信就业的思想，就会对自己不诚信的就业行为进行矫正，直至以正确的行为代替错误的行为。由于人的思想和行为具有反复性，因此对大学生不良思想和行为的转化也需要不断的反复。思想政治教育的调节功能主要是通过心理调适的途径纠正大学生在就业中的不良心理。思想政治工作能把心理健康教育结合起来，通过多种恰当的方式，如心理咨询，对毕业生进行具体有效的心理调适，引导毕业生以良好的心态参与竞争，在竞争中充分展示自己，从而顺利就业。

4.培养大学生适应社会发展和就业需要的健康心理素质

心理素质是指心理过程、个性心理等方面所具有的基本特征和品质，是一个人在思想和行为上表现出来的比较稳定的心理倾向、特征和能动性。良好的心理素质对大学生就业有着重要的作用。第一，心理素质决定了大学生能否客观正确地认识自我和社会的需要，确立正确的择业目标。第二，就业是一个艰难的过程。大学生在就业过程中会遇到各种各样的困难和挫折。能否接受各种考验，能否果断处理各种矛盾，能否正确对待就业过程中的挫折和失败，良好的心理素质起着重要的作用。第三，良好的心理素质对大学生择业目标的实现，起着促进和保障作用。第四，大学生求职择业完成后即将奔赴工作岗位，角色的变化、人际关系的变化、环境的变化，都需要大学生保持健康的心理素质，去适应不断变化的职业和环境。培养大学生健康心理素质是思想政治教育的重要任务和内容之一。思想政治教育可以从以下几方面培养大学生适应社会发展和就业需要的健康心理素质。

（1）培养大学生在求职过程中的自信心

自信心是大学生择业成功的重要因素，也是大学毕业生重要的心理素质。大学生有了自信心，在求职中才能表现出坚定的态度和从容不迫的风度，由此赢得用人单位的赏识和信任，有了自信心才能进行正确的自我评价，正确地认识和估量环境以及所遇到的困难并以最旺盛、最活跃的精神状态去克服困难，以足够的耐受力去面对挫折，以足够的勇气迎接挑战。思想政治教育能把握大学生成长过程中思想和心理变化规律，通过各种各样教育活动，培养大学生的自信心。首先，新生一人校就对他们进行"爱校、爱系、爱专业"的教育，培养和提高学生学习兴趣和信心，鼓励学生努力学习，不断提高综合素质，良好的综合素质是增强自信心的前提。其次，思想政治教育能够通过开展丰富多彩的活动，使学生在活动中锻炼自己的能力，同时也让学生在参与活动的过程中认识到自身的价值，从而增强信心。再次，思想政治教育能坚持实事求是的原则，正确看待和评价每一个学生，对每一个学生的长处和闪光点都予以肯定和赏识。教师的赏识对学生自信心的树立有着深刻的影响。除此以外，思想政治教育还能帮助大学生运用唯物辩证法的观点、正确认识自己、评价自己、正确认识当前的就业形势以及所遇到的困难，既不妄自菲薄，也不妄自尊大，战胜困难，满怀信心迎接挑战。

（2）培养大学生坚韧不拔的进取心

所谓坚韧不拔的进取心是指在艰苦、困难情况下坚持而不动摇，努力向前的心理态势，它是大学生就业和事业成功的保证。在市场经济和学生就业形势严峻的情况下，大学生就业不是一帆风顺的，会遇到很多失败和挫折。择业中的挫折，很容易打击大学生的满腔热情。有的甚至可能一蹶不振，在怨天尤人之余忘却了当初制定的目标，失去了本应有的进取心。

思想政治教育能通过多种方式培养大学生坚忍不拔的进取心。第一，通过教育使大学生不断明确自己的奋斗目标，确立相应的认知、态度、情感，并产生相应的行为。第二，运用各种各样的激励方法，激发和鼓励大学生的进取心，如运用表扬批评、奖励惩罚等手段，来激励上进，鞭策后进。第三，通过组织社会实践活动培养大学生坚忍不拔的意志品质。有了一定的认知、态度、情感和行为，还需要意志，只有具备坚定的意志品质，这些认知态度、情感和行为才能得以巩固。

（3）培养大学生对环境的主动适应能力

主动适应能力是指个体为满足生存需要而积极与环境发生调节作用的能力。在市场经济时代，大学生就业必须必然接受市场的筛选、竞争的考验，因此必须主动适应市场的需要，否则会被无情地淘汰。另外，社会是复杂多变的，对于刚刚步入社会的大学生来讲，难免有些不适应，大学生只有具备了较强的适应能力，才能尽快适应环境，获得更充分的生存和发展的条件，成为社会所需要的合格人才。

思想政治教育可以从以下几个方面培养大学生的适应能力。第一，可以培养大学生分析问题和做出正确判断的能力，使大学生面临新环境变化，能够尽快了解新的要求，明确新的努力方向。第二，可以引导大学生对自己全面、客观评价，了解自己在新的环境下不适应的表现和存在的差距，同时也要看到自己的潜力，在此基础上形成积极的自我观念。第三，思想政治教育可以通过说服、沟通、调节和疏导等机制，培养大学生坚韧顽强、果断的精神和较强的自制力、竞争意识以及对人宽容的态度与豁达的胸怀，增强自我调节的能力。第四，可以通过组织社会实践活动，增进大学生对社会的了解，明确社会对人才的追求，从而培养自己适应社会发展的方面的素质和能力。

（4）培养大学生良好的挫折承受能力

大学生在求职过程中遇到挫折是难免的，关键是如何看待它。如果能以积极的态度和适应的方法去对待挫折，把挫折看作是磨砺成长的磨石，就能获得对挫折的良好适应，激发自己的潜能从而战胜失败。否则就会丧失信心，使挫折成为成功的绊脚石。因此良好的挫折承受能力是大学生成功就业的重要心理素质。

思想政治教育对培养大学生良好的挫折承受能力具有积极的作用。第一，思想政治教育通过理想教育以及世界观、人生观、价值观的教育，使大学生树立远大的理想和革命的乐观主义精神。具有远大理想和乐观向上的生活态度的人，其挫折承受力往往高于那些缺乏思想和信念，对人生理想持消极态度的人。第二，通过思想政治教育可以提高大学生对挫折的认识水平。通过国情和就业形势教育，让学生明确在就业中遇到挫折的必然性，使其对就业压力和困难有充分的估计，在心理上作好准备。第三，思想政治教育通过培养大学生良好的个性特征来提高其挫折承受能力。思想政治教育能创造各种条件对大学生进行意志品质磨炼和教育，以伟人和意志坚强者为榜样，培养他们进取、乐观、独立和心胸开阔的性格、坚韧顽强的能力和适应环境变化的能力。第四，思想政治教育能够对遭受挫折的学生进行心理疏导，引导学生通过适度的自我宣泄、自我慰藉，调节自己在择业过程中的不良情绪，通过理性思维形成积极的择业心态。

（三）高校思想政治教育对大学生创业的指导作用

大学生创业教育是我国高等教育的新理念，它在 20 世纪八九十年代进入我国学者的视野，当高校扩招后的就业难现象引发的自主创业再次升温时，教育部也开始重视这个问题。思想政治教育渗透于高校教育的各个方面，在大学生创业教育中也应加强思想政治教育。如何把大学生创业教育与思想政治教育融合起来，如何加强对学生创业精神和能力的培养，同时使学生具有正确的世界观、人生观、价值观，已成为亟待解决的问题。

随着高等教育由应试教育向素质教育的结构性转化，以培养在校学生的创新能力、实践能力和综合素质为重点内容的创业教育模式已经成为高校青睐的模式。创业教育在理想信念教育、思想品格教育和个性化教育等诸多内容方面与思想政治教育相互联系、相互渗透、相互促进、相互补充，从而赋予思想政治教育以强大的时代生命力和鲜明的现实针对性。创业教育，是指在素质教育的基础上，通过改革教学内容和方法，综合培养学生的创业意识和创业技能的教育，它要求以学生的创新思维、创造能力和创业精神为核心。

1. 将创业教育融入思想政治教育中

将创业教育引入思想政治教育是新时期思想政治教育的客观要求。随着时代发展，我国提出建设创新型国家的目标以及大学生就业难等一系列国内外环境的变化，传统的思想政治教育缺乏对这些新现象的应对，缺乏对大学生创业意识、创业品质的培养。而从某种意义上讲，创业教育的目标就是通过教育、培养和锻炼使受教育者获得创业所需要的知识结构、基础能力和综合素质。

（1）将创业教育融入思想政治教育可以从三个方面入手

首先，要树立创业意识，营造创业文化，进行创业世界观教育。高校要培养现代社会的创业人才，首先要在校园营造一个浓郁的创业文化氛围。在这种文化氛围中，学生应懂得自己并不是无后顾之忧的"天之骄子"，现实就业情况并不是想象的那么乐观，仅有文凭是不够的，拥有大学文凭，仍面临失业的危机。这就要求我们建立全面的素质教育观念，改变高校中"专业教师只管知识传授、思想政治教育者只管思想的现象"，用创业教育思想同思想政治教育结合起来，服务人的全面发展，使学生形成进行创业实践的欲望，树立创业意识，形成正确的创业世界观。

其次，培养学生独立自主的人格品质。一个人是否具有创业意识、创业行为和创业成就，很大程度上取决于他是否有独立自主的人格品质。很难想象，一个事事、处处依赖他人的人能面对创业所承受的巨大风险和压力，能够坚持下去，取得成功。而创业教育的关键就在于能够培养大学生不断了解新情况，研究新问题，探索新思路，创造新业绩，以独立自主的人格品质追求自身价值实现。

再次，培养创业的品质，塑造健康心理。创业品质即创业的情感、意志和精神调节系统，它包括以下几个方面的特殊品质：一是善于驾驭创业风险。创业之路不可能一帆风顺，会遇到各种风险和许多不稳定因素，遇到挫折和失败必须具有"从哪里跌倒从哪里再爬起来"的态度和精神。二是勇于承担责任，有毅力。创业是一项开拓性很强的实践活动，需要创业者能够克服常人难以想象的困难和障碍，那种思想保守，畏首畏尾的人无法创业。三是充满激情，保持理性。激情是提升和凝聚人气的途径，它的基本要求是要有足够的信心。与此同时，创业总是充满着未知和变数，还必须始终保持清醒和理性。

（2）应坚持思想政治教育指导大学生创业教育

高等学校要把人才培养作为根本任务，把大学生思想政治教育摆在学校各项工作的首位，贯穿于教育、教学的全过程，充分发挥大学生思想政治教育主阵地、主课堂、主渠道作用。思想政治教育是大学生创业教育的重要内容，在大学生就业创业教育体系中，思想政治教育应当始终贯穿于其全过程。

首先，世界观、人生观、价值观是择业观形成的前提。世界观、人生观、价值观是个体对整个世界及人生价值的总的看法，是个体一切行为的思想根源。"三观"是影响择业观形成的重要内因，大学生一旦构建了科学的世界观、人生观和价值观，就表明具有明确目标和为实现目标锲而不舍的精神及积极的人生态度，这种精神和人生态度有助于大学生正确认识国家、集体、个人之间的关系，确立恰当的择业期望值，把满足国家、社会的需要和发挥个人的才能、实现人生的价值结合起来。通过大学生思想政治教育引导大学生把个人的选择建立在社会需要的基础上，将个人的兴趣、爱好、特长等主观愿望和条件同国家、社会的需要有机结合起来，帮助大学生树立正确的择业观。

其次，理想信念教育是思想政治教育的重要内容。崇高的理想和坚定的信念是人生的奋斗目标，是人生的前进动力和精神支柱。人生理想包括社会理想、道德理想、创业理想等，其中创业理想是人生理想中重要的一环，是实现其他理想的基础和前提，道德理想常常表现为立足本职岗位的职业道德。可见，职业道德理想与创业理想教育是人生理想信念教育的具体形式。创业教育作为开发和提高大学生创业素质，培养大学生创业意识、创业能力和创业心理品质，使他们成为具有创造性又具个性的社会主义建设者和接班人的活动，其教育过程本身就渗透着理想信念教育的各个环节和内容。其中创业意识是人生观在创业过程中的反映，在本质上是一种自强自立的意识，是个人的人生观在创业过程中的集中反映。强烈的创业意识是积极乐观的人生观的具体体现。创业目标是人生理想的外在形式和具体体现。大学生在正视现实的基础上确立自己的创业目标，选择适合自己的发展方向，不断完善自己的创业素质，最大限度地发挥自己的特长和能力，实现自己的人生价值，这个过程就是追求人生理想的过程。在就业指导与创业教育中渗透理想信念教育，在理想信念教育中加强创业教育，使两者有机结合，互相促进，构建一种良性互动机制，是高校教育改革的必然要求。

再次，诚信意识和职业道德教育是大学生成才的保证。党的十七大报告指出："大力弘扬爱国主义、集体主义和社会主义思想，以增强诚信意识为重点，加强社会公德、职业道德、家庭美德、个人品德建设，发挥道德模范榜样作用。"诚实守信是做人的基本原则，也是社会主义市场经济条件下的一个基础性道德规范。在社会主义市场经济条件下，诚信对大学生的学习、就业、创业具有十分重要的意义。学校在教育管理上要重视制度规范化，如建立大学生信用档案、就业推荐材料审查制等，把诚信教育贯穿于整个就业指导和创业教育过程的始终。《公民道德建设实施纲要》指出："要大力倡导以'爱岗敬业、诚实守信、办事公道、服务群众、奉献社会'为主要内容的职业道德。"在大学生就业指导和创业教育中，引导学生逐步树立正确的职业理想，干一行，爱一行。爱岗敬业的基础产生于职业自豪感，而职业自豪感在于把个人的理想融入全国人民的共同理想中，要将爱国家、爱本职工作紧密结合起来，从中汲取爱岗敬业的巨大精神力量。现在不少大学生走上工作岗位后缺乏基本的职业道德。因此，在就业指导和创业教育中，要加强爱岗敬业、岗位成才的职业道德教育，加强大学生公德心、责任感和事业心等方面的教育，培养大学生的敬业精神。只有这样大学生才能胸怀大志，积极进取，才能开发蕴藏在大学生身上的创造潜力，为社会做出贡献，实现其人生价值。

（3）构建思想政治教育与创业教育相融合的环境

首先，利用宣传优势，全面营造思想政治教育与创业教育相融合的氛围。将创业教育融入思想政治教育，就必须创造有利于创业教育的舆论氛围和校园文化。大力提倡和宣扬创业精神，提高思想政治教育者、教育对象乃至高校全体师生对创业教育和创业素质价值的认识。同时在创业教育中坚持思想政治教育保驾护航的作用，坚持思想政治教育对创业教育的宏观把握。

其次，建立相应的制度，使思想政治教育与创业教育结合具有稳定性。创业教育作为高等教育的重要内容之一，已成为高教人的基本共识，但将其作为思想政治教育的内容还没有得到广泛认同，特别是教育行政教育管理部门还未明确将其列为思想政治教育的内容。首先要把这种观念让教育行政领导所接受，并自上而下形成制度和共识。在高校中将创业教育和思想政治教育持之以恒地开展下去。充分利用思想政治教育的各种优势，为创业教育的开展提供各种支持和帮助。综上所述，思想政治教育与创业教育的融合具有重要意义，面对我国社会主义市场体制建立后的新形势，面对社会对人才提出的新要求，只有把创业教育与思想政治教育相结合，才能提高创业教育与思想教育的科学性、针对性、实效性。

2.大学生创业教育内容中的思想政治教育

（1）大学生创业教育中思想政治教育的着眼点

一所高校教育质量如何，最终要取决于社会对其毕业生的认可。将思想政治教育引入大学生创业教育中的关键在于完善其内容，而内容的确立应是围绕思想政治教育中对大学生创业素质方面的欠缺而展开。

首先，要着眼于培养大学生创业的个性品质。创业教育是以内隐的方式培养大学生的独立性、敢为性、坚韧性、克制性、适应性和合作性等个性品质，这与思想政治教育中的挫折教育相吻合。挫折教育就是要鼓励学生要有面对创业实践中可能遇到的挫折和失败具有摔倒了再爬起来的态度和精神。同时，挫折教育还要逐渐培养大学生正确分析问题和解决问题的能力。另外，对大学生创业的个性品质的培养还可以通过充实心理健康的内容，从而达到他们积极向上心理状态的完善。

其次，要着眼于增强大学生创造性的思维品质。创新教育就是要对学生进行创新意识、创新思维、创新能力和创新人格的培养。为此，在进行创业教育时，必须根据当今科学技术的现状与发展，时时调整教学内容，让学生始终能够接触到时代的新成果，要打破过分依赖教材的观念。只有这样学生才会对学习、对社会产生浓厚的兴趣，其主动性、积极性才会有效地发挥出来，才能始终处于对新事物好奇的状态，产生活跃、开拓的思路。

再次，要着眼于强化大学生创业能力品质。创业能力包括专业、职业能力，经营管理能力和综合性能力。专业、职业能力是人们从事某一特定社会职业所必须具备的本领，也是维持生存、谋求发展的基本生活手段。其高低直接影响着社会实践活动的效率和成败。经营管理能力是一种人、财、物、时间、空间的合理组合、科学运筹和优化配置的心理能量的显示，在较高的层次上决定着社会实践活动的效率和成败，因此是一种较高层次的创业能力。综合性能力包括发现机会、把握机会、利用机会、创造机会的能力，收集信息、处理加工信息、综合利用信息的能力，适应变化、利用变化、驾驭变化的能力，非常规性的决策和用人的能力，交往、公关、社会活动能力等等，是一种社会环境和社会关系的综合开发和运筹的能力，在更高的层次上影响着社会实践活动的效率和成败，是一种最高层次的创业能力。

最后，要着眼于塑造良好的创业心理品质。创业心理品质包括独立性、敢为性、坚韧性、克制性、适应性、合作性。这六种个性心理品质的核心是意志特征和情感特征，是从特定角度来反映意志和情感要素的。因此，抓住了意志和情感，也就是抓住了创业个性心理品质的总体特征。

（2）实现高校大学生创业教育与思想政治教育有机结合

创业教育是高校思想政治教育能否实现与时俱进的一个很重要的方面。高校思想政治教育只有与创业教育相结合，才能将大学生培养成社会需求的全面发展的创新型人才。

第一，为更好适应思想政治教育与创业教育有效结合的要求，要更新思想观念，切实树立以"生"为本的教育观念和以学生为主体的教学观念。创业教育从本质上说，是一种教育观念、教育思想的创新，是贯穿高等教育始终的教育理念。对于个性更加独立自我的"90后、00后"大学生而言，传统手段显然缺乏理念和思路上的创新。从"以人为本"的新理念、新认识出发，有助于满足大学生不同层次的精神需求，提高思想政治教育的针对性和实效性，有助于发挥大学生自我教育、自我管理、自我服务的作用，形成教育和自我教育的合力。在当前建设和谐社会、和谐高校的新形势下，高校思想政治工作要紧跟形势，适应变化，贴近大学生的思想需求，让思想政治教育离学生更近。要围绕大学生在学习、成才、健康、生活、交友、恋爱、求职、就业等方面所遇到的现实问题，有针对性地开展思想政治教育，增强思想政治教育的亲和力。创业教育作为强调自我教育的一种教育思想，具有积极主动性。要实现教育目标，必须调动教育对象的主观能动性，通过受教育者进行自我管理、自我教育才能实现，它是大学生思想品德培养的必要手段和有效途径。在创业教育的过程中，教育者与受教育者是互动的关系，要注意发挥教育者与受教育者两者的积极性，建立一种民主、平等、互相尊重、互相学习的新关系，从而增强受教育者的主动性，达到理想的教育效果。

第二，应该建立相应的配套改革制度，明确创业教育是思想政治教育的重要组成部分。当前，从高校学生思想政治教育管理角度来看，创业教育就是思想政治教育工作的"分外之事"。思想政治教育者开展创业教育无法做到"名正言顺"，很多困难也就随之出现了。要将创业教育纳入思想政治教育内容之中，利用创业教育的特点完成以"人的全面发展"为目标的思想政治教育，使学生具有更强的社会适应性和独立生存与发展的本领。这样的教育更能体现教育的人文关怀，这样培养出的人才也是更加符合未来社会发展要求的人才。

第三，应该大力进行舆论宣传，全面营造思想政治教育的创业氛围。要大力提倡和宣扬创业精神，提高思想政治教育者、教育对象乃至高校全体师生对创业教育和创业素质价值的认识。学校还要制定鼓励师生创业的有关政策，并形成一种创业制度文化，从而使广大师生积极参与创业成为一种自觉地行为。通过学校、社会等多种渠道设立创业基金，对积极创业者可以提供适当的启动资金。成立专门创业服务机构，为师生创业提供相关服务，并加大创业宣传力度，让创业教育渗透到校园每个角落。

第四，应该高度关注创业实践活动的开展。创业能力和创业品质的培养重在实践，学校要为学生提供实践锻炼的环境和条件，建立创业教育的实践基地，有目的、有计划地组织学生参加创业实践活动，把课堂教学和课外实践活动有机地结合起来，积极引导大学生参加科研和各种专业竞赛活动。还可以组织学生调查一些企业，参与企业的设计。通过实践逐步体验创业活动，获得创业的感性认识，这也是创业教育成功开展的前提条件。

第五，应该进一步加强创业教育师资队伍建设。一流的学生需要一流的师资来培养。高校要培养高素质的创业型人才，就需要一批高水平创业教育师资队伍。教育部副部长赵沁平同志讲：要培养具有创业素质的学生，教师就必须有过创业实践。这就需要鼓励教师到创业一线去兼职，也可以有计划地选派有潜力的青年教师、两课教师开展创业实践，通过开展产、学、研一体化的教学实践，培养一批创业型学者或学者型企业家，并使之成为学校创业教育的骨干教师，逐步实现创业教育教师的职业化和专业化。此外，从事创业教育的教师要加强创业教育的研究，使创业教育的内容始终与社会经济的快速发展相协调。

综上所述，思想政治教育与创业教育的结合具有重要意义，面对我国社会主义市场体制建立后社会出现的新形势，人才素质和社会需求也就出现了新的矛盾和问题，把创业教育与思想政治教育相结合，提高创业教育与思想教育的科学性、针对性、实效性。

第三章 高校思想政治教育理论架构

时代性反映了人类社会发展的规律，时代性符合当代社会发展要求，时代性体现时代变革精神，时代性是适应人们思想行为的时代总范畴和总概括。坚持具体的、历史的、发展的和与时俱进的观点就是高校思想政治教育的时代性。马克思指出："理论只要说服人，就能掌握群众；而理论只要彻底，就能说服人。所谓彻底，就是抓住事物的根本。"所以，我们要建立解决高校思想政治教育时代性问题的指导思想，并按照这些指导思想的要求付出行动，使高校思想政治教育工作方式及内容亲近生活、亲近时代、亲近大学生。

第一节 高校思想政治教育的指导原则

高校思想政治教育原则，是在高校思想政治教育的实践中形成的，贯穿于高校思想政治教育全过程，是开展大学生思想政治教育活动必须遵循的具体指导思想和基本要求。新时期高校思想政治教育只有在实践中坚持思想政治教育原则，才能不断提高高校思想政治教育的针对性和实效性。

一、方向性原则

方向性原则是指大学生思想政治教育的全部活动要始终与社会发展的要求相一致，坚持正确的政治方向不动摇。当前，方向性原则主要体现为高校思想政治教育要旗帜鲜明地坚持社会主义和共产主义方向，坚持党的基本路线，要与中国共产党的纲领与宗旨相一致。坚持方向性原则对高校思想政治教育活动具有非常重要的意义。首先，只有坚持这一原则，才能保持无产阶级思想政治教育的本质特色。其次，只有坚持方向性原则才能统一人们的思想与行动，充分发挥思想政治教育的作用。再次，坚持方向性原则是实现思想政治教育价值的根本要求。思想政治教育价值的实现与否，必须以教育目的的实现程度和方向原则的贯彻程度来衡量。

要在大学生思想政治教育过程中坚持社会主义方向，首先，必须始终坚持以马列主义、毛泽东思想和中国特色社会主义理论体系作为思想政治教育的指导思想。其次，提高贯彻思想政治教育方向性原则的规律性。我们在从事思想政治教育工作中，不仅要会做事，更要学会善于做事、善于通过研究其内在的规律性高质量的做好事。第一，要实事求是的遵循思想政治工作规律。要探寻和掌握思想政治教育工作的规律性，首先要研读中华优秀传统文化、要研读马克思主义理论、要研读中国共产党人的革命文化，要在学习和领会新时代中国特色社会主义思想的基础上，实事求是、知行合一、脚踏实地。遵循思想政治教育的规律要求，就必须始终坚持实事求是，坚持先进性与广泛性相结合、教育与管理相结合，解决思想问题与解决实际问题相结合、精神激励与物质激励相结合，思想政治教育与科学文化教育相结合。树立大学生正确的世界观、人生观、价值观。第二，要实事求是的遵循教书育人规律。要把提高教师思想政治素质和职业道德水平摆在首要位置，引导教师坚持教书和育人相统一、言传和身教相统一、潜心问道和关注社会相统一、学术自由和学术规范相统一。高校思想政治教育工作队伍必须实事求是的遵循教书育人规律，履行教书育人的职责，为新时代大学生做好思想引导、理论武装、信念启迪、人生指引和精神鼓舞。第三，要实事求是的遵循学生成长规律。大学生正处在人生成长的关键时期，知识体系搭建尚未完成，价值观塑造尚未成型，情感心理尚未成熟，需要加以正确引导。这为高校遵循学生成长规律，提供了行动指南。

二、求实原则

求实原则，它体现了一种科学的工作态度。思想政治教育是一项实实在在的转变人的思想的工作，因而任何华而不实和不切实际的做法都难以取得良好的教育效果。高校思想政治教育的一个重要特点就是具有针对性，要做到这一点，教育者必须遵循实事求是的原则。教育者在进行思想政治教育的过程中，必须从社会发展的现实和受教育者的思想实际出发，运用马克思主义的基本理论去解释分析社会问题和受教育者的思想问题，并从中寻找出解决问题的基本规律，来指导大学生思想政治教育的活动。求实原则，是指高校思想政治教育要始终坚持"理论联系实际，一切从实际出发，实事求是"的思想路线和原则。所谓理论联系实际，包含以下两层含义。

1. 一定要掌握高校思想政治教育的相关理论

高校思想政治教育理论是从事高校思想政治教育的重要指导，能为相关工作提供有效的方法。因此，我们必须全面地、系统地、准确地掌握高校思想政治教育理论。

2. 一定要从实际出发，实事求是

理论只有面向实践、指导实践、接受实践检验并随实践发展，才富有强大的生命力和战斗力。

要做到理论和实际相结合，必须坚持实事求是。高校思想政治教育一定要坚持和发扬理论和实际相结合的原则和作风，反对理论和实际相脱离的"左"或"右"的错误倾向。求实凉则的贯彻实施要做到以下几点。

（1）自觉学习马克思主义理论。马列主义、毛泽东思想、中国特色社会主义理论是党认识世界、改造世界的强大思想武器，加强马克思主义理论的学习，有助于人们树立科学的世界观、人生观和价值观，抵制错误的思想和潮流。因此，要自觉加强马克思主义理论的学习。

（2）要一切从实际出发。一切从实际出发就是要坚持主观与客观、主体与客体的统一，按照实际情况，制订不同的工作目标和计划，选择恰当的方法。

3. 按照正确解决问题的步骤来办事

为了在大学生思想政治教育工作中坚持求实原则，就必须按照及时发现问题、确实弄清问题、正确解决问题的三个步骤来办事。

（1）要做到及时发现问题，就要做到善于调查研究，准确观察和分析问题，正视矛，不回避矛盾。发现思想问题和实际问题贵在及时，这样就能掌握思想教育的主动权。

（2）要做到确实弄清问题，是指发现工作中存在的实际问题后，要善于分析、研究和核实，抓住问题的核心，不为假象所蒙蔽。

（3）要做到正确解决问题，是指在弄清实际问题后，及时联系相关人员，运用相关理论，实事求是地解决问题。

三、民主原则

民主原则，是指在高校思想政治教育中，尊重学生的主体性地位，尊重其人格和民主权利，创造条件让大学生充分发表自己的意见并加以正确的引导。民主的实质是平等。高校思想政治教育中的民主就是教育者与受教育者双方在充分尊重对方的人格和民主权利的前提下，创造条件让双方充分表达自己的思想和意见，并在此基础上正确处理相关问题，共同完成高校思想政治教育的任务。高校思想政治教育并不能直接作用于人的行为，而是先通过教育对象错综复杂的心理品质作用于人的意识，转而影响其行为。作为教育对象的大学生一般都是青年，他们的自我意识已经渐趋成熟，对自己以及自己和周围的关系开始有了独立的认识和评价，较少盲从，主体意识明显。因此，高校思想政治教育的成效，在很大程度上取决于教育对象对教育内容的关心、思考和理解的积极性和主动性是否被调动起来以及被调动的程度。因此高校思想政治教育必须坚持民主性原则，突出学生的主体地位，教育者与受教育者以平等态度交流思想，互相尊重，创造民主、平等、和谐、生动活泼的教育环境和气氛。民主原则的贯彻实施要做到以下两点。

1. 尊重人、关心人和理解人

尊重人，就是要尊重高校大学生，尊重他们的主人翁地位，尊重他们的人格及宪法赋予他们的各种民主权利，从而充分调动、引导和提高大学生对社会主义物质文明建设和精神文明建设的积极性、创造性。关心人，即要求高校思想政治教育者要多关注、爱护、帮助大学生，在政治上关心他们的成长，工作上关心他们的进步，生活上关心他们的困苦，使大学生感受到温暖。理解人，就是要理解大学生的具体处境和个性，承认大学生在性格、兴趣等方面的差异，以心换心进行教育。

2. 民主原则要与严格要求相结合

（1）坚持严格管理不能践踏大学生的人格尊严、漠视大学生的情感、无视大学生实际需要，要把严格要求同尊重人、关心人、理解人有机统一起来，使高校思想政治教育处于升腾活跃的状态，以达到激发大学生建设中国特色社会主义的巨大热情的目的。

（2）要把尊重人、关心人、理解人与严格管理结合起来，讲尊重人、关心人、理解人，绝不是不讲原则、放松管理、取消批评，绝不是迁就不合理的要求或容忍不守纪律的行为、奉行"好人主义"。

总之，尊重人、关心人、理解人是相互联系、相互渗透的统一体，是党的思想政治教育的优良传统，也是思想政治教育民主原则的要求。它要求高校思想政治教育者必须以诚相待、以诚动人、以理服人、以情感人，只有这样才能振奋人心、激发热情，从而使高校思想政治教育更富凝聚力和吸引力。

四、教书与育人相结合原则

教书与育人相结合原则是高校思想政治教育工作的一项基本原则。所谓教书与育人相结合，是指教师在教学过程中，通过各种教学活动和各个教学环节，全面提高学生的素质和能力。教书与育人相结合原则的贯彻实施要做到以下两点。

（一）寓思想教育于教学之中

教书育人，教学是基础，育人是关键。我们要把思想教育工作渗透到各种教学和教学的各个环节中去，把传道、授业、解惑结合起来。这就要求教师在传授知识的过程中，要注意发挥和挖掘教材的思想性、知识性和趣味性，有机地结合社会实际和大学生思想实际，调动大学生的学习积极性，帮助大学生处理好德育与智育的关系，把思想政治教育工作渗透到大学生的各项学习活动之中，使他们酷爱学习，精于专业，从而达到我们所期待的目的。

（二）要正确处理思想政治教育和大学生学习活动的辩证关系

教书与育人，二者是相互联系、相互促进的。无论是自然科学还是社会科学的教师，都要结合教材特点，加强对学生的全面教育和培养，自觉地做到教书育人，发挥思想政治教育对大学生学习活动的方向引导作用和内在激励作用。但不能以此孤立地过分突出思想政治工作，过多增加思想政治教育时间，而削弱了知识学习活动，搞"突出政治"的做法势必影响人才的全面发展。因此，要教好书、育好人，就要正确把握高校思想政治教育和知识学习活动相结合的程度、方式，以利于大学生思想政治工作作用的发挥和大学生全面发展的。

五、政治理论教育与社会实践相结合原则

这是我们党长期以来，特别是改革开放以来，对高校思想政治教育工作新经验的科学总结，具有鲜明的现实性和针对性。

在思想政治教育中既要注重理论教育，又要注重实践教育，强调行为养成，实现知行统一。理论教育是思想政治工作的基础环节，要增强对大学生理论教育的效果，就要从不断地改进学习的方式方法和载体入手，要生动活泼，讲求效果，要入情入理，用事实来教育大家通过相应的图片和声像，宣传思想理论，通过大家喜闻乐见、愿意接受的活动形式，宣传思想理论，提高大学生的马克思主义基本理论的认识和掌握。但理论来自实践又应用指导于实践，只有在实践中才能充分表现出其价值与魅力。通过组织大学生参加社会实践活动，能进一步加深对理论的认识，巩固和强化理论教育的成果，真正提高思想觉悟和认识能力。

第二节 高校思想政治教育的特点

高校思想政治教育生活化是落实党和国家的教育方针、适应时代发展需求、实现思想政治教育目标的重要理念和重要方式。在改革开放日益深化的浪潮下，内外思潮各方观念互相激荡交融，国内大学生的思想行为随之发生着相应的变化，在他们身上反映出许多新的特质和现象。作为高校思想教育工作者，能否正确认识教育对象和教育环境，及时准确地把握大学生的思想动态，洞悉当前高校思想政治队伍建设的时代背景，更新思想政治教育工作理念，就显得尤为紧迫。

一、高校思想政治教育环境特点

高校思想政治教育接受过程是思想政治教育环境、接受客体、实施主体三者耦合互动的过程，如果三个要素相互匹配，那么就会促进或增强教育效果；反之，如果三个要素相互掣肘，或者一两个要素相对思想政治教育环境滞后，那么也会阻碍或削弱教育效果。

（一）现代化事业蓬勃发展下的浮躁社会环境

目前我国正处在全面实现小康社会的冲刺期，随着40年改革开放步伐的稳步迈进，我国的生产力和各项事业蓬勃发展，免除农业税、实行义务教育制度、实现城镇医保和养老保险全覆盖等，上述政策、制度、措施的实施，充分彰显了社会主义制度的优越性。但是，当人们在享受改革红利的同时也必须相应承担现代化事业蓬勃发展的负面效应——资源消耗殆尽，环境污染严重，生态系统恶化，地质灾害频发……即使如此，现代化建设带给物质世界的时空转换力度，还是不及对人们主观精神领域的影响。改革和发展实质上是一场社会各层次人群利益关系的再分配，从某种意义上说，正是改革和发展唤起了人们内心深处对于满足物质欲望的需求。表现在社会上，就是经商热、创业热、赚钱热，迫切想要成功，梦想一夜发财致富，在心态上轻浮、急躁，急功近利。折射到大学校园，就表现为大学生追求金钱至上、享乐人生，不重视打基础，无法静心读书，学习动力不足。在部分大学生看来知识只是充实脑子空虚的精神食粮，却不能填补肚子的空白，钱才是第一位的，因而放松了对知识的学习，导致了大学生中厌学情绪的盛行；还有部分大学生只关心眼前利益，耗费太多时间和精力去做兼职，浪费了宝贵的学习机会；更有个别学生，贪图眼前享乐，为了一己私欲，不惜拿青春赌明天，做起了违反法律、违反道德的事情，着实令人扼腕叹息。

（二）社会过渡转型期下的信仰危机环境

转型是指事物的结构形态、运转模式和人们的价值观念根本性的转变过程。社会转型是指新兴科技推动下社会生产生活方式的根本改变。中华人民共和国成立前我国长期处于农业、半农业社会，生产工具落后，生产效率低下。中华人民共和国成立后，在共产党人的领导下，开始向工业化转型，终过半个世纪的社会主义建设，工业化转型任务基本完成，且前正在向信息化社会迈进。由于压缩了发展空间，许多制度建设没有跟上，眼下的中国社会明显带有"过渡"痕迹——风险与机遇并存，社会矛盾凸显。"物质矛盾与文化性矛盾、政治性矛盾并存，简单矛盾向复杂矛盾转变，接触性矛盾向非接触性矛盾延伸，隐性矛盾向显性矛盾发展。"随着社会矛盾的日益加剧，贫富差距问题、社会公平问题、物价问题同步涌现，既深度考验着共产党人的执政能力、危机处理艺术，也严重挑战着当代大学生群体对于社会主义道路和共产主义的信仰。

（三）多元文化背景下的价值多元文化环境

"一切价值观念都是一定社会实践的产物。"中国人民改革开放的求富实践，既引来了西方先进的科技和管理经验，也接纳了西方文化背后的价值标准和道德准则，传统与现代的碰撞，国际与国内的融合，导致国内出现了东方文化与西方文化、主流文化和非主流文化、传统文化与现代文化的多元格局。同时，随着社会改革力度不断加大，政治、经济、文化体制改革同步推进，阶级、阶层等利益主体逐渐分化，在全社会逐步形成了思想观念多样、阶层利益多元、文化环境多变的复杂社会结构。在如此结构作用力下，渐渐衍生放大出许多对大学生影响巨大的社会思潮。比如，民主社会主义思潮、民族虚无主义思潮、历史虚无主义思潮、新自由主义思潮、私有化思潮以及低俗文化享乐主义思潮等。这些思潮裹挟着各型各色的价值观一股脑地涌向了"三观"尚未确立的大学生，使他们善伪不分，真假难辨，在人生观的选择方向上迷了路。在多元化文化轮番冲击下，很多大学生不经过理性思考、调查研究，就轻易放弃了中国的传统文化和现代社会主义理念，就盲目选择皈依了资本主义的生活方式、文化理念以及价值观，虽然只是小部分人的个人行为，却也值得引起我们高校思想教育工作者的警醒。

（四）各国高等教育逐渐国际化环境

随着各国之间高等教育的交流与合作越来越广泛，思想政治教育作为高等教育的一部分，也势必受到国际化发展趋势的影响，旧有的灌输法权威正在消解，学习借鉴其他国家思想政治教育的先进经验逐渐蔚然成风，比较思想政治教育学也因此成为显学。高等教育国际化背景下，各国的思想政治教育的内容虽然不尽相同，但其中心宗旨都是强调对各自国家、民族、文化、身份的认同以及对于他人、家庭、社会应尽之责任的缔造，使之言行符合社会要求，从自然人蜕变成社会人。由于社会历史、环境、人文的不同，思想政治教育实施的方法中西方迥异，形成东西方鲜明的特色。以美英为代表的西方国家注重潜移默化的实践养成教育，以宗教信仰和学校教育为主导，通过家庭、学校、企业、社会和大众传媒等途径，培养社会所需要的合格公民。以日本、韩国为代表的东方社会在强调内在修养的同时，倡导至上而下的政府主导型德育。其思想政治教育不仅是客观存在的，而且是显性的，他们普遍采取兼并吸收的策略，汲取现代精品文化，扶植传统文化产业，重视青少年思想政治教育，形成了独特的东方文化传统和道德品格。中国的国情与前二者不同，社会主义建设初期，由于马克思主义思想的强势介入，打破了以儒家为核心的东方教育传统，在几乎没有借鉴与选择的情况下，沿袭苏共思想政治教育方法成为思维定势；改革开放后期，越来越多的发达国家教育方式成为范本，思想政治教育在有效性的旗帜下，开始打上国际背景的痕迹。

二、高校思想政治教育对象特点

在社会转型和改革开放的时代背景下，由于经济、政治、文化环境的迅速变化和科学技术的迅猛发展，大学生这一思想活跃、易接受新鲜事物、充满生机与活力的群体呈现出了与以往不同的特征。

（一）受新时代社会思潮影响的大学生特征

高校聚集着一大批年轻有为、富有探究精神并朝气蓬勃的大学生，国外社会思潮的传入、国内社会变革的深入以及大学生个人成长的需求使当代大学校园成为各种社会思潮传播的集散地。当前高校思想文化领域的主流是积极健康的，马克思主义的指导地位不断巩固，中国特色社会主义理论体系深入人心。但是我们也应该清醒地认识到，依然有大量消极的社会思潮正在侵蚀着大学生的心灵，如性解放、拜金主义、享乐主义、攀比风气等等。社会思潮之所以对当代大学生具有特殊的吸引力，主要是由大学生自身特点及校园环境所决定的。首先，作为气血方刚的年轻人，大学生基本上都具有反传统的叛逆精神，敢于挑战正统、挑战权威意识，追求刺激的心理；同时，大学生的世界观还没有完全定型，接受外界事物和新鲜事物的能力较强，容易接受某种社会思潮。

其次，大学校园和大学文化的特征也有利于社会思潮的登陆。比如大学所特有的某种批判精神，大学生活的独立性，大学校园和文化所具有的开放性、包容性等等。这些都适宜社会思潮在大学生中传播，成为某些大学生的思想精神家园，甚至对部分大学生来说，接受或传播某种社会思潮已成为表达自己的一种方式和手段。

各类社会思潮抢滩高校校园，对大学生的影响可谓正负交织，意义重大，关键在于引导和交流。对大学生的思想政治教育既不能忽视社会思潮反映社会现象和现实，帮助大学生了解社会丰富性和复杂性的镜鉴作用；也不能忽视各种消极有害的社会思潮冲击我们现有的思想政治教育成果。只有立足这样的现实，才能顺畅地与大学生开展交流与沟通，准确地掌握大学生当前的思想动态。如果偏执某一方面，势必造成与教育者与被教育者之间交流隔阂，乃至于情感障碍。

（二）由经济独立带来的大学生人格独立性特征

存在是哲学的基范畴，存在方式是指物质与精神的高度统一，通俗理解就是生活方式。从非市场经济转向市场经济，人的存在方式发生了全面变化，对此，马克思的概括是从人对人的依附性的存在转向以物的依赖性为基础的人的独立性的存在。在社会主义市场经济的潮流下，企业和个人成为独立主体使得人们从以往的人身依附关系中解脱出来，平等意识加强，主体性日益突出。这一现实趋势势必会在当代大学生身上产生直接或者间接的影响，与以前的大学生相比，如今的大学生主体意识提高，独立意识加强，自我意识突显，视野更开阔，法律意识更强，同时冲破了自我认识的局限性，追求前卫，个性张扬。很多大学生利用课余时间，通过勤工俭学或是做兼职赚取外快来贴补生活，合开店铺或是倒买倒卖的经济行为在课堂外屡见不鲜，大学生的经济自主化日益突出。但这种由经济独立换来的人格独立，很多时候，并没有给大学生带来如约而来的幸福，或者说获得过度的不可驾驭的自由权利只会徒增不必要的负担和痛苦。在市场经济条件下，竞争机制的引入激发了人们生产的动力和活力，促进了生产力和生产关系的解放，带动了政治经济、文化的全面繁荣；就业方式的多样化改变了人们的谋生方式，改变了人对社会、国家的依附关系，使人们变得更加自信和自由，同时也使人们的思维方式发生了根本性的变化由崇高变得世俗，由理想转而功利。当利益成为行为、动机、效果的考量，便会使得人们更趋于务实，以前的崇高理想色彩的价值取向逐渐淡化，追求生活实际价值，追求个人价值实现逐步成为大学生价值追求主流，并且有一些学生坠入了追求眼前利益，追求生活享受的低层价值取向。

（三）高新科技、新媒体应用引发的大学生特征

科学技术的迅猛发展，网络新媒体的异军突起，正改变着人们的生活方式、沟通方式和知识获取方式。网络技术的逐步成熟，使其成为一种时尚的信息传递方式，作为新兴科技助推下成长起来的新新人类，大学生势必会站在时尚生活的最前沿。他们第一时间适应了新的生活、沟通、学习方式，对计算机、手机中涵盖的各类软件驾轻就熟，对于网络购物、网络支付、电子商务等新型商务方式推崇备至，并将是否会使用 QQ、微信、微博等不断推陈出新的交互手段，作为评判时尚与否的标准。大学生对网络的依赖提出了加强大学生网络思想政治教育的新要求。然而，自网络媒体兴起以来，由于其缺乏必要的监管和引导，导致网络上良莠不分、藏污纳垢，暴力、恐怖和色情的信息猖獗，网络文化泥沙俱下，净化网络环境对于为大学生创造良好的沟通平台迫在眉睫。与此同时，大学生所崇尚的时尚生活方式也日益走向虚拟化，虚拟生活、虚拟世界、虚拟角色正把社会化过程中的大学生带向虚无的深渊，许多大学生在虚拟世界中迷失自我，简单地遵循着快乐原则，追求着感官的刺激，大学生越来越"宅"，越来越缺乏面与面的对话、心与心的沟通，网络道德移位，人文关怀缺失，大学生们内心深处自由开放与明目张胆的性格特点被无形地放大，越轨行为频频发生。这些都呼吁网络精神家园的建设，呼吁人们以积极的态度、创新的精神，大力加强互联网建设，进步发展和传播健康向上的网络文化，使之成为传播社会主义先进文化的新途径、成为广大大学生精神文化生活的健康新空间。

（四）大学生教育效果需要层次性不同的特征

需求是人类有意识行为的内在动机和外在指向，不同时代、不同人生阶段、不同生活环境，人们的需求层次不同，理想是在现实反思的基础上对于现实需求的超越，属于高层次需求，如果按照马斯洛的需要层次图分类，应该属于自我实现的需要。需求的层次决定理想的高度。高校思想政治教育的目的从实现全面发展的人角度说，主要功能就是提升大学生的理想诉求层次，为理想诉求的实现提供精神援助和动力支持。当代大学生是一个承载家庭、学校、社会高期望值的群体。大学阶段是学生生理和心理走向成熟的重要阶段，也是世界观、价值观、人生观形成的关键阶段。由于各自家庭背景、学

习经历、志向兴趣、人际关系、生活境遇因素的不同，使得他们对社会主义制度的信奉不同，对国家、社会、学校的感情不同，对自身的定位和要求不同，选择了不同的需求满足方式，难免会相应分化出不同层次的思想政治教育效果。有的学生上学期间，接受过国家或是社会的资助，便会对社会对国家怀有感恩之心，与自己所受的爱国主义思想结合，或许将来会将爱心回馈社会；有的学生来就对社会转型期存在的不公现象颇有微词，当马克思主义理论遭遇现实质疑时，由于理论认识不深刻，难免会出现动摇和曲折。鉴于大学生怀有不同的理想诉求和心路历程，高校思想政治教育作也应该采取精细化的处理态度，一方面认识到不同效果存在的客观性及合理性，另一方面有针对的、分层次对于不同群类加以引导教育。

三、高校思想政治教育的创新特点

高校思想政治教育创新源于适应国家需要、学校发展需求，以及广大教育员工丰富的发展需求等，即要注意满足社会发展需要和人的发展需要。但这仅仅是一个十分笼统的说法，仔细区分的话，可以将社会需要类分出国家需要、政党需要、民族发展需要、群体发展需要，以及人的全面发展需要等等。这些不同社会主体的需要之间存在着一致性，但也存在着非一致性。于是适应这些不同主体的社会需要就会面临着一系列困境。解决这些需求冲突及由此引发的矛盾，成为高校思想政治教育创新的内在动力。原先的思想整治教育完全作为管理和规范学生的活动样式，主要满足党与国家的需要，而对学生的需要满足则重视不够，从而导致学生出现一定逆反心理与政治冷漠情绪。为了解决这一突出问题，思想政治教育开始认真贯彻"以人为本"的理念，在体制创新方面也迈出了许多新的步伐，如增设许多学生事务部门，由管理学生更多转化为服务学生；心理健康教育曾经在中国的高校是一个盲区，但从 20 世纪 80 年代中期起，这个问题由提出到引起普遍关注，再到今天的高度重视，其中从内容到形式各方面都有不少创新。

这些年社会面临的一个重要问题是人文精神凋敝、价值观迷乱和人们的信仰危机，这些问题又产生出一些次生危机。对高校思想政治教育而言，这些次生危机的主要表现是教育实效性不强。为了解决这些问题，高校思想政治教育坚持在思想政治理论教育课程建设、拓展高校思想政治教育的有效途径、发挥党团组织在高校思想政治教育方面的重要作用，以及加强高校思想政治教育工作队伍等方面推动改革创新，现已取得令人欣喜的初步成效。

关于社会比较激励创新，主要指通过比较、解读与分析国内外有关社会意识形态运作、信息传播、学生事务管理与服务、隐蔽课程设置等理论与实务运作的经验教训，寻找和明确改进我们工作的思路和着力方面，激发出相应改革创新的动机。

（一）高校思想政治教育创新具有一定的周期性

从一般的经验来看，创新是人们的一定能量积累到一定时刻的表现，而能量积累总是需要一定的时期和条件。同时，个体还存在着创造力衰竭的现象，这一经验在个体身上表现得比较充分，但有时在群体与组织方面也存在着同样的现象，"集体无意识"可以看作是对这种经验的一种不太直接的描述。尽管个体之间的创新特征可能大相径庭，而群体或组织的创新与个体的创新更不能简单相类比，但我们不能忽视群体和组织也可能存在着创新的周期性问题。我们在此扼要说明高校思想政治教育创新的周期性，确实有很大的难度。因为它不得不涉及两个基本问题：一是这种周期性的具体表现是什么？二是导致这种周期性的原因又是什么？

如果我们仅仅从创新视角审视改革开放以来高校思想政治教育的发展历程，将其具体划分成几个时间阶段，每个阶段的创新有不同的内容与特征表现。

第一阶段：20 世纪 70 年代末到 20 世纪 80 年代末，这一阶段大概又可分成两个小阶段。第一小阶段是 20 世纪 70 年代末到 20 世纪 80 年代初，这是个侧重在指导思想上拨乱反正、建立新的思想理论基础和活动秩序的时段；第二小阶段是 20 世纪 80 年代初到 80 年代末，这是一个富有激情和理论想象力的时段。在第二小阶段，整个社会在发展方面的指导思想日趋明确，因此产生了一系列重大的改革决定，如《中共中央关于经济体制改革的决定》，提出了社会主义经济是以公有制为基础的有计划的商品经济；《中共中央关于教育体制改革的决定》，提出了扩大高校办学自主权问题等；并且注意运用高度政治智慧排解与超越"左"与右两大方面思潮的纷争，提出了党的"一个中心，两个基本点"为核心内容的基本路线，以及社会主义初级阶段理论，高度重视社会主义精神文明建设，强调两手都要抓、两手都要硬，等等。高校思想政治教育在这样的大环境中，有不少理论内容、传播方式和应用体系方面的创新，如提出开设思想品德课，深入进行形势与政策教育，组织高校学生参加社会实践活动、在部分高校设置思想政治教育专业和开办思想政治教育专业第二学士学位班，加强高校学生思想政治工作队伍建设等。

第二阶段：20 世纪 80 年代末到 90 年代初，这一阶段的总体创新是不多的。但我们又不能从没有创新表现等于没有创新准备的理解出发去认识问题。

创新与维旧历来就像一个硬币的两个方面，如果说创新是必要的话，那么在一定时期维旧也是必需的。"温故而知新"一样，维系优秀的传统，也是在为新的创新铺垫基础和提供元素。再说在表现形态上似乎是"新"的东西，其实未必一定是创新，而维旧的成分未必一定没有新意，人们平时所说的"推陈出新"也就是这个道理。为了防止人们大量发生自吹自擂现象，我们可能也要考虑像真理标准讨论一样，建立创新衡量标准，其中最重要的标准是实践标准，即实践结果及其效用程度是衡量是否创新的唯一标准。如果说这阶段存在着创新的话，则主要表现在应用体系方面，特别是在解析中国优秀传统文化价值、传承优秀文化传统方面有不少努力。我们可以通俗地将这类创新看作是一种老树发新芽的过程。这一时段创新的另一特征是思想政治教育学科建设有了新进展，即在巩固提高已有建设成果基础上，全面开展专业建设，形成学科群。随着设置思想政治教育专业本科点和硕士点的院校不断增加，课程建设、教材编写、师资队伍建设以及学生培养等多方面的进展，学科建设获得了快速发展，特别在教材编写方面取得明显效果。

第三阶段：20世纪90年代初到21世纪初，是蕴含新发展机会的阶段，其中快速发展又与不平衡状态交相间杂。在这一相对比较长的社会时段中，党和国家采取了许多具有重大意义的新主张与新举措。在这样的新形势下，高校思想政治教育在贯彻和落实中央精神的进程中，通过理论教育途径与方式方面以及应用方面进行创新，开创了许多诸如网络思想政治教育、校园文化建设、学生生活园区思想政治工作等新形式。并且在应用理论方面进行了集成创新与引进消化吸收再创新，如坚持将邓小平理论进课堂、进教材和进学生头脑；在思想政治理论课程教学中坚持理论传导与社会实践紧密结合，提高理论教育的有效性；同时注意吸取借鉴其他学科中的有关理论来分析与解决学生思想政治教育中所面临的问题，如借鉴美学方面的接受理论、传播学方面的大众传播理论、心理学方面的学习理论、社会学方面的社会调查方法、群体研究方法、管理学方面的激励理论和组织学方面的群体动力理论等。随着我国学者对中国传统优秀文化内核解读的深入与拓展，高校思想政治教育的实务与理论研究都不同程度地关注与应用中国传统优秀文化元素，并且注意从具体品质到文化精神、从思想内涵到思维方式的不断提升与拓展。也就是说，这一阶段在应用体系创新方面是全方位的。

第四阶段：21世纪初至今。这是一个正在进行着的、面临新任务、新机遇和新挑战并存的有序发展阶段。从目前已经显现的情况看，主要有以下特征，首先是对教育对象的认识丰富化，从原先以工作为本再逐步转变到以人为本，这将有一个过程，但开端已很良好。在坚持以人为本的理念指导下，人们对大学生的认识也逐步摆脱非此即彼的思维方式的影响，变得多样化、丰富化与复杂化。其次，高校思想政治教育的实际开展开始摆脱模式化单一化影响，各地各高校注重将思想政治教育的基本要求与高校所面临的实际情况相结合，而不是简单地唯书唯上。这种状况是形成创新态势的重要契机。再次，无论是思想政治教育工作的实际工作者还是理论研究者，都注意在工作和研究中不断拓展理论视界和增强问题意识。在这种过程中，特别值得一提的是，思想政治教育的学科研究范式正面临着转型，这种范式转型主要有两大动力，一是解决社会转型所产生的新问题的迫切需要，二是一大批21世纪以来培养和毕业的思想政治教育新军充实到本学科的教学科研第一线和高校思想政治教育实际工作一线，这批学科发展的生力军的基本特征是富有探索精神和学术研究冲势，有强烈的问题意识和改变不良现存的意念，有相当理论基础和较开阔的理论视界，有比较开放的心态和兼收并蓄的能力。因此可以断言，在他们身上蕴含的创造力会远远超过他们的前辈。

至于说到这种周期性的表现，不能简单用时间的视域所能表征，并且精确到多少年一个周期的程度。如果从创新体系的三大方面的分类看，创新，特别是引进消化吸收再创新随时都在不断地出现。但如果从综合创新的角度看，这种创新则可能表现出一定的周期性，这种周期性既受到社会意识形态创新大格局的制约，又受到从业人员的创新能力的制约，因为个体的创新能力不是一个常量，有人可能是早发，有人可能是后发。

（二）高校思想政治教育创新具有多样性和延展性

如上所述，高校思想政治教育的创新是丰富多彩的，在不同时段有不同的创新内容与形式相统一的表现。这种创新的多样性可依不同的分类标准作不同的归类。本文比较关注高校思想政治教育的延展性创新。这里所谓的延展性创新是指某种创新具有巨大联动效能，从而带动其他一系列创新活动的发生及进展，这种创新通常居于创新活动链的高端或创新活动系统的中心。至于这种延展性创新的表现，可以体现在理论创新、制度创新、体制创新、技术创新和管理创新等各方面。正如马克思当年在分析资本主义劳动过程和价值增值过程时，曾经认为"资本的伟大的历史方面就是创造这种剩余劳动"，资本"是发展社会生产力的重要的关系"。也可以说，资产阶级创造出资本运作方式，这种资本运作方式又衍生出许多新的东西，不仅有剩余劳动，有严格纪律、致富欲望、普遍的勤劳、节约劳动时间以及普遍财产等，而且创造出丰富复杂的社会关系。同样道理，高校思想政治教育也存在着延展性创新，其联动效应正在逐步显现，对思想政治教育的实务正产生越来越明显的推进作用，而实务工作的进展又反过来促进理论研究的深入。在工作理念方面，高校思想政治教育在坚持贴近（即贴近实际、贴近生活、贴近群众）方面不断探索，注意将教育规范与充分满足学生的成才发展需要有机结合起来，并且产生了一些引进消化吸收再创新的理论和教育方式，如这些年来所提出的生活德育论、网络思想政治教育学等。

第三节 高校思想政治教育的内容

高校思想政治教育内容是影响高校思想政治教育实效性的重要因素之一。高校思想政治教育内容的确定是理论与实际的统一。思想政治教育是培养高素质人才的生命线，是高校的中心环节。思想政治教育其内容十分的广泛、丰富，在 21 世纪，高校思想政治教育内容要变得更具人性化。

一、高校思想政治教育的基本内容

基本内容是指社会的基本要求、做人的基本品质，它涉及生活的各个方面，贯穿一个人的一生，是高校思想政治教育中最起码的内容，是基础部分，具有基础性、广泛性和持久性等特征。主要包括以下方面的内容。

（一）中华民族传统美德教育

1. 自强不息教育

"自强不息"这个词语最早出现在《周易》中："天行健，君子以自强不息。"它根植于中华民族的文化传统之中，是中华儿女发奋图强、自立于世界民族之林、实现民族伟人复兴的精神动力。从历史角度来看，人类的发展，文明的进步，是永远不会终结的；而人对自然、社会发展的认识，以及在此基础上形成的永无止境的向上努力、自重自信自强的精神，成了最适应现代社会发展需要的民族精神的突出表现。对大学生进行自强不息教育的目的，就是要使大学生志高远、刚健有为、不怕困难、积极向上、奋发图强。

2. 诚信教育

诚信是中华民族的传统美德之一，被国人身体力行、代代相传。诚信是人生大厦的基石，社会和谐的根本。诚信是公民基本道德规范中的一项重要内容，是做人的基本要求，是衡量一个人道德修养高低的重要标准之一。

高校应将思想教育素质培养工作放在教学计划的首要位置，将大学生诚信教育的普及贯穿于整个大学生的学习生涯之中，通过完善学生的诚信品质和道德素质，进而引导他们去规范自己的行为，使他们真正成为思行合一的未来社会主义事业的接班人。从方式上来看，诚信教育的方式需要多样化与具象化，理论需要结合学生的个人实际状况，真正做到学生是学习的主体而教师是学习的主导的教学方针。我们应该时刻牢记，大学生才是我国未来发展的主力军，因此大学生诚信道德素质是关乎国家未来能否迈入世界强国行列的关键所在。

3.孝悌教育

孝德是个人基本素养的体现，也是中国最古老的优秀品德之一，"孝"可以衍生出其他美好的品德，对传统孝文化进行研究，可以丰富孝德的时代内涵。在当今德育教育中行孝道有利于达到以下目标。

第一，有利于增强德育体系的民族特色。民族文化是每个民族最独特的图腾。"孝"文化是中华民族传统中一颗璀璨的明珠，古时科举设有"孝廉科"以察举孝子廉吏，孝子也广为人们尊重。孝德的本质是一种爱与敬的行为，是人们实践道德的起点。有了爱敬身边人的意识，才可能有爱敬他人的善行，这样才衍生出了人间美德。父母给了孩子生命的起点，孝德培养了孩子敬爱父母的思想，以这样的感情为基础有利于个体形成对祖国的情感，对民族的情感。

第二，有利于融合、促进大学生其他优秀品德。学生个人品德的形成在于他们的个人实践，而在实践中孝德对其他道德的形成具有至关重要的影响。实践证明不具备孝德的个人很难在道德水平上达到更高层次。其原因在于孝德本身就包含着许多其他道德所具备的普遍性。首先，孝子对父母的孝心可以成为他们遵纪守法的有利约束力。孩子不遵纪守法，父母则会忧心忡忡，一个家庭则无宁日，孝子是对家庭有责任感的人，要对家庭负责则，不会让家庭陷入不安。其次，孝子对家庭的责任感可以上升到对社会的责任感。赡养父母的责任意识让子女懂得回报于父母、奉献于家庭，有助于他们奉献精神的养成，有助于他们奉献社会责任感的养成，这也印证了历史上许多仁人志士以孝励志、建功立业的史实，对于现代社会具有极大意义。

第三，有利于丰富高校感恩教育题材。学生的德育启蒙于家庭，起始于家长教育，家庭是大学生德育情感萌芽的第一场所。孝文化强调子女对父母的感恩，是感恩教育的起点，对学生的感恩教育有助于他们在逆境中勇敢、旷达地对待事情，应视作高校德育的重要题材。对家长的爱与敬是感恩家长的最基础的形式，但是现代社会中许多子女却连这最基础的形式都忽视了，孝文化的传播可以帮助大学生形成良好的道德习惯。

4.忧患自省教育

忧患意识可以说是一种责任意识，它是个体履行应当承担的社会责任并努力维护社会正常运行的信念和意志。这种意识是个体在社会分化和社会整合中必须拥有的，要求人们在市场经济发展过程中敢于承担风险、敢于再创辉煌，把国家、民族的生存发展放在心上，还要求他们树立以天下为己任的历史使命感，维护国内安定、发展、团结、进步的稳定局，保持积极进取、艰苦奋斗的昂扬斗志，以自身的行动去实现社会发展和民族振兴。

中华民族的优良传统远远不止这些，物物相依的集体精神、不畏强权的抗争精神，还有生生不息的变革精神、经世致用的实用精神、正道直行的廉洁精神、大公无私的奉献精神，等等，都是祖先遗留给我们的珍贵的精神财富，加强对大学生进行这些中华民族的优良传统精神教育，会在不同的层次、不同的侧面锻炼他们的意志，完善他们的人格，提升他们的精神境界。

5. 中国革命传统教育

中国革命传统主要是指中国共产党在领导中国人民进行长期的革命斗争的过程中产生的，并在我们党大力提倡和培植下形成并发展起来的事迹、思想、作风、道德、信仰，等等，它是共产党领导下的中国革命斗争实践的产物，是我党克敌制胜的传家宝，这一优良传统有着极其丰富的内容。

第一，中国革命历史和革命者英勇奋斗的事迹是革命传统教育的基础，革命者的事迹、中国革命的历程虽然不能直接等同于革命传统，但却是革命传统的载体，是进行革命传统教育的基础。

第二，中国革命产生和形成的思想、道德和作风，是属于精神上或者是思想意识上的，是革命传统精神教育的核心和重点内容。

第三，在中国革命中形成和确立的纪律和制度，也是革命传统教育的重要内容。在高校进行革命传统教育的过程中，要结合不同的形式，依靠不同的载体，培育和强化大学生追求真理、矢志不移的奋斗精神；全心全意为人民服务、甘为孺子牛的公仆精神；大公无私、先人后己的牺牲精神；紧紧依靠群众、永不脱离人民的团结精神；不唯书、不唯上，一切从实际出发的求实精神；勇于自我批评、严于解剖自己的自律精神，等等。通过这些革命传统的教育，使大学生的思想境界得到升华和净化，促使他们成为一个高尚的人，一个有道德的人，一个有益于人民的人，并在奋斗、奉献中使自己的人生价值得到升华和实现

（二）理想信念教育

理想是人们在现实实践基础上形成的有实现可能的对未来发展前景的设计和想象。信念是为了实现这一理想而在内心形成的高度认同和持之以恒的内在动力。理想分为个人理想和社会理想，不管是个人理想还是社会理想以

及由此而形成的信念，都能为人指明前进的方向，提供强大的精神动力，鞭策人们奋发图强。大学生是青年人的代表，是青年中拥有现代科学知识的群体，是建设社会主义现代化国家的中坚力量。大学生的成长成才离不开正确的个人理想信念的确立和社会理想信念的指引。只有有了理想信念的支持，大学生才能在国际社会纷繁复杂的环境中保持正确的政治方向，才能不断地激发出更多的建设热情，才能更好地为社会发展贡献力量。在我国现阶段，建设中国特色社会主义，把我国建设成为富强、民主、文明、和谐的社会主义现代化国家是我国各族人民的共同理想，实现共产主义是最高理想。而中国特色社会主义共同理想和共产主义最高理想的确立建立在马克思主义对人类社会一般规律的认识和把握基础上，要使大学生深刻认识共同理想和最高理想，必须学习马克思主义基本理论，坚定马克思主义信念。

1. 马克思主义信念

马克思主义信念的确立建立在对马克思主义理论体系的学习和认同基础上。马克思主义理论体系包括三大组成部分：马克思主义哲学、马克思主义政治经济学和科学社会主义。马克思主义哲学是辩证唯物主义和历史唯物主义的统一，是对自然界、人类社会、人的思维领域的一般规律的揭示，是无产阶级的世界观和方法论。马克思主义政治经济学揭露了资本主义生产关系的实质，分析了资本主义经济危机的周期性，揭示了生产关系一定要适应生产力发展的规律，得出了资本主义必然灭亡社会主义必然胜利的结论。科学社会主义是在批判认识空想社会主义理论的基础上，根据历史唯物主义的观点创立的，符合社会发展规律的，关于无产阶级革命和建设的科学理论体系。对马克思主义基本理论知识的学习，能使大学生深刻认识马克思主义经典著作分析人类社会发展规律的缜密逻辑思维，能加深对社会发展规律的理解，能坚定马克思主义信念，能更好地理解和自觉践行中国特色社会主义的共同理想和共产主义的最高理想。

2. 中国特色社会主义共同理想

中国特色社会主义是我们的共同理想。这是我们在长期的革命和建设实践中得出的结论。民主革命时期，帝国主义、封建主义、官僚资本主义三座大山牢牢压在中国人民身上，民族资产阶级探寻发展资本主义道路的尝试次次失败。这表明，资本主义道路在中国行不通。十月革命的一声炮响给中国人民送来了马克思主义。中国共产党领导中国人民进行了伟大的新民主主义革命，建立了中华人民共和国。社会主义道路是我们在当时的历史条件下唯一正确的选择。1956年底，社会主义制度在我国基本确立。经过几十年的奋斗，我们逐渐认识到虽然我们的社会主义建设取得了一定的成果，但我们建设的社会主义还是处于不发达阶段的社会主义，是社会主义的初级阶段。对这个阶段的认识，我们必须把握两点：一是中国社会已经是社会主义社会，我们必须坚持而不能离开社会主义；二是中国的社会主义还处在初级阶段，我们必须从这个实际出发，而不能超越这个阶段。社会主义是一个漫长的历史过程，人们对社会主义的认识和实战要有一个探索的过程。现阶段，我们必须"以经济建设为中心，坚持四项基本原则，坚持改革开放，解放和发展社会生产力，巩固和完善社会主义制度，以习近平新时代中国特色社会主义思想为指导，建设社会主义市场经济、社会主义民主政治、社会主义先进文化、社会主义和谐社会，建设富强民主文明和谐的社会主义现代化国家"。共同理想的教育能引起大学生对社会主义教育的共鸣、能加深大学生对社会主义初级阶段的认识，并能引导其充分发挥推动现代化国家建设的作用。

3.共产主义远大理想

中共中央、国务院《关于进一步加强和改进高校思想政治教育的意见》中指出："要积极引导大学生不断追求更高的目标，使他们中的先进分子树立共产主义的远大理想，确立马克思主义的坚定信念。"共产主义是马克思主义伟大导师在深入考察了人类社会变化发展的规律后形成的人类未来社会的蓝图，在那里，"每个人的自由发展是一切人的自由发展的条件"，每个人的才能都能得到自由而全面的发展。社会主义是走向共产主义社会的过渡阶段，这个阶段"采取的各方面的政策，都是为了发展社会主义，为了将来实现共产主义"。大学生是社会主义现代化的建设者，是共产主义事业的奠基人，积极引导大学生追求共产主义理想，是高校思想政治教育的内在要求。

4.个人理想信念

大学生的个人理想是大学生在规划自己的生命活动中，建立在现实基础上的、符合社会发展规律的、有现实可能的对未来发展目标的设计和想象。个人理想的确立要求个体必须对人类社会发展规律有一定的认识，对自身发展状况和社会对个人提出的要求有深刻的认识，对自身发展需要有清醒的认识。大学生有小学、初中、高中阶段知识的积累，对社会发展规律和自身发展要求已形成一定认识，具备了确立符合社会发展要求的个人理想的条件。因此，教育者要引导大学生深入思考自己的需求和兴趣，进一步明确社会发展趋势，尽早确立个人理想，并能为这一理想的实现而不懈努力，形成坚定信念。

中华民族的伟大复兴需要几代人的不懈努力，理想信念就是指引一代又一代人前进的明灯。高校思想政治教育必须高度重视大学生理想信念的确立。

马克思主义信念的确立是大学生正确世界观、人生观、价值观的反映，中国特色社会主义共同理想的确立是大学生正确认识社会主义初级阶段、积极跻身于社会主义现代化建设的表现和动力，共产主义远大理想是大学生崇高政治理想的最高表现，个人理想信念的确立和实践是社会理想的有力支撑和具体体现。

（三）道德规范教育

1.道德规范教育的作用

道德规范教育是帮助大学生了解正确处理个人利益与他人利益、个人利益与集体利益关系的行为准则的教育，并在这些行为准则的指导下，将这些准则外化为实际行动和道德习惯。道德规范教育是一种养成教育，它实质上是教导一个人如何成为一个真正的"人"，如何安身立命，这是一种最基本的教育，只有在这一教育的基础上，才谈得上其他的教育。道德规范教育是政治教育、思想教育的起点，只有搞好基本的道德教育，才有可能培养具有正确政治思想、科学世界观的社会主义新人。正如儒家所倡导的"修身、齐家、治国、平天下"，只有自己有了很高的道德修养，才谈得上报效国家，造福社会。

2.道德规范教育的特点

（1）稳定性强

社会意识形态都具有相对稳定性，但道德比其他意识形态变化更慢，表现出更大的稳定性。经济关系和政治制度的变革，固然使旧的道德失去了存在的客观现实依据，但由于旧道德已经在漫长的岁月中逐步演变成为人们的传统习惯和风尚，而且这种传统习惯和风尚往往与人的信念、情感、民族的社会心理结构整合在一起，因而具有更大的稳定性。

（2）渗透性强

道德规范是从现实利益关系的角度，特别是现实生活中个人对待社会整体利益和其他个人利益态度的角度，去调节人们的各种社会活动和社会关系的。也就是说，凡涉及现实利益关系，特别是个人利益和他人利益、集体利益的关系和活动，都属于道德规范调节范围。所以，道德规范涉及人们社会生活的各个领域，与人们的日常生活紧密联系、息息相关。

（3）自律性强

与法律规范不同，道德规范提倡"应当怎样""不应当怎样"，而不是"必须怎样""不准怎样"。它通过社会舆论、传统习惯和人们的信念来维持，通过劝诫、说服、示范等方式起作用，不是靠国家强制力维持。

从以上道德规范的特点我们可以看到，由于大学生的日常思想行为大量地表现为道德品质和行为的调适，道德规范可以成为他们正确处理与他人关系的行为指南，因此，道德规范教育与其他思想政治教育内容相比，与大学生日常生活最为贴近，具有其他思想政治教育内容所没有的基础优势。而且，由于道德规范的稳定性和自律性，它对指导大学生正确处理个人与他人、集体之间的关系上具有持久的效力，这增加了道德规范教育作为思想政治教育基础的牢固性。

（四）爱国主义教育

大学生是国家和民族的希望，是实现全面建设小康社会的主要力量，他们爱国情感的强弱，将直接关系到社会的进步和发展，关系到整个国家和民族的前途和命运。因此，必须强化爱国主义教育，以增强他们的民族自豪感、自尊心、自信心和自强精神，增强他们的爱国热情和报国决心，在实现中华民族的伟大复兴中贡献力量。

1. 爱国主义教育的作用

爱国主义教育在思想政治教育中有重要的作用。第一，有助于大学生培养高尚的道德情操。爱国主义是一种高尚的道德情感，这种情感集中表现为对祖国的山河、同胞、物质财富和精神财富的无限热爱；对祖国历史、文化、语言和优良传统的高度的自豪感；对祖国前途、命运的无比关心；将个人的前途命运与祖国的前途命运紧密联系在一起，为祖国的独立富强而宁愿奉献一切的志愿。爱国主义又是一种道德规范，它要求人们把爱国、报国、救国、兴国、强国看成崇高的美德，而把卖国、辱国、祸国、乱国、叛国视为对祖国和民族的丑恶行为。第二，有助于大学生坚定中国特色社会主义的信念。今天我们讲爱国主义，不仅仅表现为热爱祖国的山河历史和文化遗产，而且更重要的表现为热爱我们的社会主义制度，热爱中国共产党及其领导下的各族人民，热爱社会主义现代化建设，维护国家的团结统一。在当代中国，爱国主义与爱社会主义在本质上是一致的。爱党、爱国、爱社会主义是统一而紧密联系的整体。在改革开放与现代化建设的新时期，建设中国特色社会主义是爱国主义的必由之路，在大学中开展爱国主义教育可以使大学更加热爱社会主义，热爱中国共产党，有助于使大学生把个人的前途命运与祖国的前途命运紧密联系在一起，为国家的独立富强尽心尽力地付出与奉献。

2. 爱国主义教育的内容

爱国主义教育的内容主要包括以下四个方面。

（1）中华民族发展历史

历史是不能割断的，只有懂得历史才能正确地了解现在和展望未来。我们要讲中华民族发展史中的曲折，更要讲近百年来我国的屈辱史，讲现代中国革命史，讲中华人民共和国的艰苦创业史，使人们懂得，特别是使青少年懂得，中华人民共和国来之不易，社会主义建设成就来之不易，让人们知道我们国家有今天，多少先烈付出了鲜血和生命，亿万人民进行了多么艰巨的劳动。还应当注重讲杰出人物个人的历史，讲杰出人物、英雄模范的奋斗史、贡献史。因为这样的史料最真切、最实际，也最感人，同时又包含着这些人物的世界观，也最容易引人效法、学习，具有潜移默化的作用。学习革命先烈为了共产主义的实现而不惜抛头颅、洒热血的精神，学习新时期各条战线上涌现出来的先进人物和事迹，能够使大学生更好地认识过去，立足现在，展望未来。

（2）中华民族优秀传统文化教育

中华民族是一个有着五千年悠久历史的伟大民族，我们的祖先通过世世代代的辛勤劳动创造出了光辉灿烂的历史文化，这是我们中华民族的历史瑰宝，是对大学生进行爱国主义教育的重要内容。古老的《书经》中，周武王在《泰誓》里就提出"民之所欲，天必从之"的思想，强调要尊重人民的意愿和要求。古老的《周易》和《老子》充满辩证思想，至今为世界许多国家所研究和运用；而《孙子兵法》和我国古代其他许多兵家的著述，至今被许多国家的军事学院定为必读书，而且被广泛应用于企业和市场竞争，显示出它们的无限生命力。在近代，我们落后了，但在中华人民共和国成立不久，我们自力更生制造出"两弹一星"。我国在尖端科学、尖端医学等方面，有许多重大突破，居于国际领先地位。在当代，随着全球化浪潮的兴起，具有不同历史传统和民族特色的文化之间的碰撞和交融将更加广泛、更加频繁、更加激烈、更加深入。一个国家在全球化浪潮中能否保持其优秀民族文化，不仅关系到本民族文化的生存与发展，还关系到国家的命运和前途。特别是一些西方国家借全球化之际，凭借其雄厚的经济实力和信息高科技优势，打着"文化全球化""文化一体化"的旗号，大肆推行文化殖民主义，以达到损害别国本土文化的目的。因此，我们引导大学生继承和发扬中华民族优秀文化传统，培养大学生对民族文化的热爱和认同，增强大学生的民族自尊心、自信心和自豪感，使大学生在西方文化霸权主义面前，自觉保护和弘扬本民族文化，维护国家的利益。

（3）国家安全教育

当前世界形势动荡不安，地区冲突、局部战争此起彼伏，恐怖活动日益猖獗，给世界和平带来了诸多不稳定因素。在新时期必须加强大学生国防意识教育和国家安全教育，并将此作为爱国主义教育的重要内容。爱国主义教育与国家安全教育有着十分密切的联系，爱国主义教育是国家安全教育的核心和灵魂，国家安全教育是最生动、最实际、最有效的爱国主义教育。国家安全、国防意识，从本质上来说也体现着国家意识、国家观念。没有国家安全意识也就没有真正的国家意识，也就很难产生真正的爱国主义情感；没有国防观念，也就很难从理性的高度把握科学的国家观念，因而也就很难使朴素的爱国主义情感向科学和理性的层面升华。随着经济全球化的不断深入，国家安全的内涵与以往相比也有了很大不同，不仅包括政治、军事安全，而且更突出了经济安全，同时又包含科技、文化、信息安全。因而，新时代大学生应顺应时代要求，提升与拓展国防教育，树立大国防观念，进行大国防教育，培养科学的国家安全意识。

（4）民族平等团结教育

中国是一个多民族国家，对大学生进行深入的民族平等团结的教育对维护民族团结和国家稳定是非常重要的。我们国家共有 56 个民族，虽然各民族的人数有多有少，并不均衡。但是各民族之间相互依存，不可分割，并无高低贵贱之分，每个民族都享有相同的权利，履行相同的义务。在进行这一项教育的过程中，首先，要让他们明白 56 个民族都是优秀的、勤劳的、富有智慧的民族，民族之间没有优劣之分、贵贱之别，谁也离不开谁，各民族都享有平等的权利、履行相同的义务；还要让他们明白只有加强民族团结，才能消除民族隔阂和民族歧视，真正地实现平等。民族团结也是实现国家统一的前提和保证，要让他们了解到民族平等和民族团结是社会稳定、国家昌盛和民族共同繁荣的基础，中华民族是一个同呼吸、共命运的整体，合则兴，分则衰。其次，对大学生进行民族区域自治制度教育，旨在对他们进行民族基本制度教育，在国家的统一领导下，少数民族在聚居的区域内设立自治机关，自主地管理本民族本地区内部事务，行使自治权，从而体现其主人翁地位，发展平等、团结、互助的社会主义民族关系。民族区域自治制度是实现民族平等、民族团结和各民族共同繁荣的制度保障。再次，对大学生进行各民族共同繁荣的教育，要让他们认识到民族地区的现代化与全国其他地区的现代化、民族地区全面小康的实现与全国其他地区全面小康的实现是密切联系、相互促进的，各民族的繁荣将使中华民族立于世界民族之林，各民族地区的繁荣将使整个国家的社会主义现代化实现；要让他们认识到各民族共同繁荣是指各民族在政治、经济、文化和社会等各方面得到全面发展进步，而不单单指某一方面；要使他们认识到经济发达地区帮助少数民族和民族地区发展经济文化事业是责无旁贷的义务，从而实现共同发展。

总之，弘扬爱国主义精神是中华民族的光荣传统，也是每个中国人的责任与义务。高校除了要做好爱国主义课堂教学工作外，更应当利用网络媒介建立爱国主义教育示范基地，积极宣传爱国主义精神，面对社会发展多样化的趋势，引导学生坚定自己的社会主义立场。以先进的思想政治教育理念代替落后的思想，使爱国主义精神成为推动祖国走上繁荣富强道路的巨大力量。作为高校思想政治教育体系的重要内容，爱国主义教育体现了社会主义精神文明建设的主旋律，具有划时代的历史意义。

二、高校思想政治教育的主导内容

（一）三观教育

1. 世界观教育

世界观教育主要是进行辩证唯物主义和历史唯物主义教育，核心是实事求是的观点和方法的教育。

（1）树立彻底的唯物主义态度和观点

看问题一切从实际出发，绝不用主观意志和幻想代替实际和事实，尊重客观规律性，坚持从调查研究中得出结论，并坚持用实践检验和发展真理。

（2）树立真正的辩证法思想

核心是联系和发展地看待问题，坚持联系的观点，就是要联系地看问题，不要孤立地看问题；要全面地看问题，不能片面地看问题。坚持发展的观点，就是要历史地、变化地看问题，不能静止地、僵化地看问题。将矛盾，特别是事物的内在矛盾作为事物发展的动力，善于在矛盾动力推动下，不断通过量变达到好的质变，在曲折中实现事物不断前进。

世界观作为关于世界的根本观点，是对认识世界和改造世界的根本看法。只有这个问题解决好了，我们才能有一个待人处事的正确态度、观点和方法，才能建立起正确的人生观。马克思主义的创始人以解放全人类、实现人类全面自由的发展为己任，并以此为核心建立起了科学的世界观。我们进行世界观教育，就是要进行马克思主义世界观的教育，这其中包括辩证唯物主义教育、历史唯物主义教育和马克思主义认识论的教育。

2. 人生观教育

人生观是人们对人生的价值、生活的目的和意义的根本看法和观点，是世界观在实践中的体现和运用。人生观具有鲜明的阶级性，什么阶级有什么样的人生观。共产主义的人生观就是无产阶级的人生观，它的核心是大公无私、先公后私和公而忘私。同无产阶级人生观相对立的还有资产阶级、小资产阶级的人生观。资产阶级人生观的核心是为自己、损人利己。小资产阶级人生观虽然同剥削阶级人生观有所不同，但在本质上都是个人主义的。我国高校思想政治教育的一个重要任务，就是教育广大学生树立无产阶级的人生观，克服形形色色的资产阶级和小资产阶级的人生观。

3. 价值观教育

价值观教育主要是让教育对象搞清楚"什么是有价值，怎样才能有价值"。价值观的核是价值观念、价值判断、价值选择等。科学的价值观认为，对社会、对国家、对民族、对人类、对他人有积极作用，就是有价值，反之就是无价值。积极作用越大，价值就越大。科学价值观提倡人们在满足社会、满足民族、满足人类、满足他人的进步需要中满足自己，实现自己的价值。价值判断必须坚持社会、民族、人类等价值优先的准则，只有这样，社会才能有一个相对统一的价值判断标准。科学的价值选择要求人们在人生奋斗过程中首先最大限度地实现社会的价值、民族的价值和人类的价值。

社会主义核心价值体系集中体现了社会主义意识形态的性质和方向，是社会主义思想道德建设的理论基础，是激励全民族包括大学生在内奋发向上的精神力量。因此，当前价值观教育的重点是让大学生深入理解社会主义核心价值观的科学内涵和重要意义，使他们将社会主义核心价值体系作为自己的价值诉求，并用其指导思想和行动。

（二）思想理论教育

思想理论即指导思想和基本理论，我们所说的思想理论是马克思列宁主义、毛泽东思想和中国特色社会主义理论体系，在思想政治教育中起着基础性的、导向性的作用。

马克思主义是无产阶级认识世界和改造世界的世界观，同时也是方法论。它属于无产阶级的意识形态，是科学的思想理论体系。马克思主义是社会主义主流价值观的灵魂，是中国共产党的理论基础，同时它还是中国特色社会主义建设的指导思想。

我们始终坚持理论联系实际，实事求是，具体问题具体分析的方法，科学地将马克思主义同我国具体实战相结合，进而形成了一系列马克思主义中国化的理论成果，包括毛泽东思想、邓小平理论、"三个代表"重要思想、科学发展观和习近平新时代中国特色社会主义思想。这些体系是一脉相承又与时俱进的科学体系。毛泽东思想是被实践证明了的中国革命与建设的理论与经验总结，是马克思列宁主义在中国的运用与发展，作为中国共产党的指导思想，是中国共产党集体智慧的结晶，是中华民族最为宝贵的财富。在当代中国，坚持中国特色社会主义理论体系，就是真正坚持马克思主义。

（三）法纪教育

1. 民主法制教育

民主法制教育是高校思想政治教育的重要内容。它既是和谐社会的标志、条件和构建和谐社会的推进器，也是消除社会不公平和社会矛盾、促进社会公平正义的根本保障。提升国民的民主法律素质，特别是对大学生进行民主法制教育是构建民主法治的社会主义和谐社会的关键。

大学生是和谐社会的重要实施者和建设者，其民主法律素质直接关系到社会主义和谐社会建设的进程。对大学生进行民主法制教育，必须将两者结合起来。民主、法制是辩证统一的，民主是出发点，是法制的基础和价值体现，法制是民主的保障和手段，是民主的体现。同时，要以培养民主精神为主线，体现平等、助人和自由精神以及以法律信仰为核心，使自己懂法守法。在社会主义社会建设中，民主是实现社会和谐的重要条件，社会主义民主是社会主义和谐社会的制度之源，法制是社会和谐的基本保障。民主法制意识对大学生的政治观、价值观、行为模式的养成具有现实的指导作用。青年学生只有在提高文化素质的同时，提高民主法律素质，增强民主法制观念和社会责任感，提高民主决策和监督管理的意识，培养体现民意、保障民权的观念，提高依法办事、遵守纪律、清正廉洁的素质，才能成长为具有民主作风、法制观念和清廉之风的新一代后备力量。

2. 权利义务观念的教育

权利和义务是从法律规范到法律关系再到法律责任的逻辑关系的各个环节的构成要素。权利和义务是法律规范的核心内容。权利义务的规定性是法律内容的主要表现，它规定人们可以做什么，必须做什么，不能做什么。加强大学生权利义务教育，可从通过理论说服教育和行为规范教育来进行，通过思想政治理论课的法律专题教学，有针对性地对大学生进行正确的权利义务教育，培养大学生理性的权利和责任意识，教育大学生履行遵守法律、法规、学校的管理制度、行为规范、社会公德及尊敬他人、努力学习、缴纳学费等义务。我国现行法律和新修订的《普通高等学校学生管理规定》等不仅规定了大学生的权利，也规定了大学生应承担的义务和责任。

大学生树立正确的权利义务观，有利于良好行为习惯的形成，从而推动文明学风和校风建设。正确地认识权利、义务可使大学生懂得自己与他人、集体与社会的关系，认识到自己享有权利的同时也承担着对他人、社会和国家的义务,而享受权利的前提是履行义务,只有尊重他人的权利,自己的权利才能得到尊重和实现,认识到社会稳定发展与自身发展的关系。

3.人人平等观念的教育

"公民在法律和制度面前人人平等",这是依法规定的平等权利和义务。

"法律面前人人平等"是我国宪法明确规定的基本原则之一,也是社会主义法治观念的核心内涵之一。大学生价值观中,平等观念非常强烈,具体体现为平等竞争、平等就业及教师对待学生的平等意识,教师要尊重学生的主体意识等。人人平等,是社会进步的标志;追求平等、保护平等是每位大学生的职责;树立平等意识是人文精神的重要内容;平等观念也是维护人与人和谐共存的前提。

(四)民族精神和时代精神教育

1.民族精神教育

中华民族精神源于五千年的文明发展史,在建设美好家园、抵御外来侵略和克服艰难险阻的奋斗中,中华民族不断培育和发展着自己的民族精神。我们在引导大学生正确认识民族精神科学内涵的基础上,还要教育他们以创新、开放的态度看待民族精神,为民族精神增添新的时代内涵。一方面,要教育大学生根据新的实践和时代的要求,吸收和借鉴世界各民族的民族精神的精华,对传统民族精神加以创新,实现民族精神的继往开来,与时俱进;另一方面,要教育大学生珍视、继承我国在五千年的历史中形成和发展起来的伟大民族精神和我们党领导全国人民在长期实践中形成的伟大时代精神。

(1)团结统一

它是新时期爱国主义精神的一个重要方,其时代要求就是要形成一种对社会主义中国、对中华民族的一种强大的向心力和凝聚力,要使中国的 56 个民族亲密无间,各阶层的广大群众同心协力,全国人民同心同德、精诚团结,以此构筑我们建设中国特色社会主义事业、和平统一祖国的强大精神支柱。"民族的团结""国家的统一"是中华民族在历史经验中培育的民族精神,也是我们建设中国特色社会主义事业、和平统一祖国的强大武器和精神支柱。

(2)爱好和平

爱好和平的民族精神是指一个民族在同其他民族的交往中,平等相待,友好相处,求同存异,团结和平,为了维护世界和平、促进共同发展而努力贡献的精神。它是中华民族以汉族为主的多民族长期共同生活和社会实践的文化积淀和结晶,成为中华民族的性格,在中华民族精神中有着特殊的地位。以和为贵是中华民族在为人处事中的一个基本准则。在各民族之间,强调要友好相处，要"和衷共济""和睦相亲"；在人和人的交往和相处关系中，强调要"和气致祥""和气生财"；在社会生活中，主张"收通人和"；在国与国的关系中，主张"协和万邦""和平共处"，反对一切形式的侵略战争，反对"以强凌弱""以众暴寡"，主张国家不分大小，都应当平等相待。爱好和平是中华民族的优良传统。我们爱好和平，不等于害怕战争。我们不会侵犯别人，但如果有人侵犯我们，把战争强加在我们头上，那我们就会奉陪到底，直至把侵略者赶走，恢复和平。正如毛泽东所说，我们中华民族有同自己的敌人血战到底的气概，有在自力更生的基础上光复旧物的决心，有门立于世界民族之林的能力。这些是我们民族爱好和平精神中的应有之义。

（3）勤劳勇敢

勤劳勇敢是指中华民族为了自身的存在和发展，在改造客观世界的过程中，勤勤恳恳、战天斗地的精神。它是中华民族在漫长的历史中，在艰苦的自然条件和严酷的社会斗争中锻炼和培育出的一种吃苦耐劳、艰苦奋斗、不畏艰险、勇于攀登、俭朴勤奋的不屈不挠精神。勤劳勇敢不仅贯穿于中华民族一切劳动和社会生活的各个领域，也体现在中华民族德行的各个方面。中华民族依靠这种勤劳勇敢的民族精神，创造了一个又一个的人间奇迹。坚持和发扬这一精神，就能够在极端困难的条件和环境下，迎着困难而勇往直前、顶着逆流而百折不挠，直到取得最后的胜利。在全面建成小康社会的新时期，弘扬"勤劳勇敢"的精神，有着尤其重要的意义。

（4）感恩

感恩就是对他人、社会和自然的认可，对他人、社会和自然给自己的帮助由衷地怀着感恩的心理并真诚地回报的一种道德认识、情感和行为。感恩是高校大学生做人的基本道德准则，更是中华民族的传统美德。

感恩教育，事实上是一种情感教育。作为教育者，我们要注重对学生的精神培养，使他们成为一个有理想、有抱负的人，首先就要严格要求自己，为人师表，重视自身建设，做好表率，做学生的引路人，以取得更好的成效；另外，也可在高校内定期举办与感恩有关的演讲比赛、征文活动等等，通过活动来培养学生的感恩心和知恩图报、施恩不图报的美德。

（5）勤俭节约

勤俭节约是中华民族的优秀传统，加强大学生勤俭节约教育是培养大学生正确价值观、确保大学生健康成长的需要，是推动全社会形成勤俭节约的文明风尚，加强社会主义精神文明的需要。

思想上大学生应该加强对思想政治理论课的重要性的认识。思想政治理论课不仅是一门政治理论课，同时也是一门具有科学性和实效性的课程，能够帮助和引导学生掌握科学的世界观、人生观和价值观，并且能够帮助学生运用科学的世界观和方法论去解决现实生活中的问题。由于每个大学生的生活环境和生活经历不同，对勤俭节约的理解和认识也是有差别的。但勤俭节约作为我国的传统美德，是新时期大学生必须具备的素质，每个大学生都应该提高自己的思想境界，改变贪图享乐、追求奢侈的思想，树立健康的人格，培养艰苦奋斗和勤俭节约的优秀品格。在平时生活中，大学生应该加强自身的道德修养，注重节俭品质的培养，也应该认识到勤俭节约不仅仅是指物质上的节俭，更是时间和效率上的节俭。所以无论在平时和学习、工作还是生活中，都应该时刻保持勤俭节约的风格。同时，大学生应该继承和发扬勤俭节约的传统美德，自觉抵制享乐主义、拜金主义的诱惑，学习新时期党关于勤俭节约的新内容，为建设节约型社会贡献自己的一份力量，弘扬中华民族勤俭节约的美德。

弘扬和培育中华民族精神，要适应时代的呼唤，积极促进中华民族精神的新发展。人类社会不断向前发展，民族精神也应随着历史的前进和时代的进步而不断丰富和完善。所谓"弘扬"，就是要继承和发扬中华民族五千年来形成的以爱国主义为核心的民族精神。所谓"培育"，就是要在弘扬的基础上，吸纳体现社会发展方向的时代精神，赋予民族精神以时代内涵和时代特征。要把弘扬和培育中华民族精神纳入国民教育的全过程，不仅要把民族精神教育贯穿到各级各类学校中去，还要运用社会教育对全体国民进行民族精神教育。要把弘扬和培育中华民族精神纳入社会主义精神文明建设全过程，渗透到形式多样的群众性精神文明活动之中。要吸收和借鉴世界各国人民创造的先进的文明成果，积极进行文化创新，不断充实、丰富和发展民族精神的内涵。

2. 时代精神教育

时代精神是一个时代特有的、反映社会进步发展方向、引领时代进步潮流的精神，是一种超脱个人的共同的思想观念和行为方式，是时代文明（物质文明、制度文明和精神文明）内在、深层的精髓与内核，是对现代文明最高层次的抽象，它决定于代表历史前进方向的时代文明的客观的、本质的潮流和发展趋势，并积极推动时代政治、经济和文化发展。当前，我国的改革已进入攻坚阶段，改革的任务将更加繁重，改革的矛盾将更加凸显，支持改革、拥护改革应成为当代受教育者的自觉行动。因此，必须树立与改革相适应、与时代相契合的思想观念。当今世界，创新已成为一个国家不断发展、在国际竞争中取得主动地位的重要因素。

（1）实践精神教育

时代精神的重要作用，最终要在社会主义和谐社会建设的伟大实践中得以体现。各种类型的志愿服务和社会实践活动，让大学生在实践中见证祖国政治、经济、文化建设所取得的伟大成就，增强了他们的历史责任感和时代自豪感。在实践中接受时代精神的熏陶，自觉弘扬时代精神。

（2）创新精神教育

中共中央国务院《关于深化教育改革全面推进素质教育的决定》中明确提出，实施素质教育，就是全面贯彻党的教育方针，以培养学生的创新精神，造就全面发展的高素质人才。由此可见，高校不仅要培养大学生的专业能力，更要培养大学生的创新精神和创新意识。鼓励大学生积极参加科技创新活动，在活动中培养刻苦钻研、坚韧不拔的精神，不断发现新问题、探索新方法、找到解决问题的新途径。

大学是培养人才的摇篮，是开发人才资源的基地。高校思想政治教育担负着培养创新人才的重任，尤其是要培养大学生积极实践、开拓创新的时代精神，使他们具有明确而坚定的目标、强大而持久的精神动力、顽强而刚毅的意志；具有不畏艰难困苦、不怕挫折失败的勇气与精神。

第四章 高校思想政治教育的前沿问题

高校思想政治教育理论工作者应当自觉地站在社会历史发展的前沿，深入社会生活实际，认真总结高校思想政治教育实践经验，正确把握时代发展脉搏，努力探索思想政治教育规律，提高发现问题和解决问题的能力，推动高校思想政治教育的深入发展。高校思想政治教育的前沿问题揭示了目前高校思想政治教育理论和实践中的深层次矛盾与冲突；提示了当今社会人们在思想转化和发展中面临的普遍性的思想倾向；提示了高校思想政治教育工作者要深入探讨和集中精力加以解决的迫切性问题。高校思想政治教育前沿问题对当下思想政治教育的理论创新和实践研究提出了更高的目标和要求。

第一节 高校思想政治教育的理想状态

教育是需要被人接受的，思想政治教育的接受是一个关键环节，怎么样做到让受教育者真心接受就是一个困扰思想政治教育的首要问题。中共中央、国务院在《关于进一步加强和改进大学生思想政治教育的意见》中明确要求："在继承党的思想政治工作优良传统的基础上，积极探索新形势下大学生思想政治教育的新途径、新办法，努力体现时代性，把握规律性，富于创造性，增强实效性。"这是因为思想政治教育的质量和效果主要取决于教育者与被教育者的双边互动，要"标本兼治"就要同时关注受教育者的接受问题，本着"以人为本"的原则，了解大学生本身的思想状态，解决他们自身的内在矛盾，找到外"教"与内"学"相平衡的理想状态，才能使大学生思想政治教育最优化，取得最佳的教育效果。研究大学生思想政治教育接受的理想状态，首先，在高校思想政治教育过程中，能够有效接受思想政治教育的学生数量接近甚至等同于参加教育过程学生的总数。其次，在质量上，几乎全体学生都能够接受所学理论，并应用于行为实践当中。达到这个"理想状态"，无论在"量"上还是"质"上，都会有很大的飞跃，大大提高思想政治教育的接受效果。

一、高校思想政治教育接受的障碍

当前高校思想政治教育确已取得一定成效，教育对象即在校大学生本身的思想素质也较之以前有了较高，但是当前大学生思想政治教育还是难以达到教育学的理想状态，不能趋近接受的最大化，这主要还是由于存在着若干因素造成了大学生思想政治教育接受的障碍。

（一）教育对象认知上的偏差

目前，大学生对思想政治教育在内容上存在着明显的认知逆反现象。他们对学习思想政治教育缺乏兴趣和热情，把思想政治教育看成是空洞的教条。具体来说，大学生对思想政治教育内容的认知逆反主要体现在以下几个方面。第一，大学生对思想政治教育认识模糊。在全球经济一体化的大潮推动下，在校大学生也越来越现实，对他们而言，上大学最重要的是学习本专业知识，或者对以后步入社会有较大帮助的知识、能力，根本无暇顾及学校安排的相关的思想政治教育课程。第二，大学生对思想政治教育的学习缺乏主动性。很多学生觉得进入大学之前，他们至少学过六年思想政治基本知识，可谓"知之甚多"，完全不需要再学习，所以在主观上已经对大学的思想政治教育课程产生抵触，而在客观上，高校所开设的思想政治教育类课程确实存在内容上的交叉重叠，这都影响到大学生学习思想政治教育的兴趣，导致他们消极地对待这类课程。另外，很多学生觉得思想政治教育是空谈理论，缺乏解决实际问题的具体方法，没有实践上的可操作性，因此对思想政治教育更缺乏学习的主动性。第三，大学生在接受思想政治教育时出现信息异变。大学生已经形成了自己固定的思维模式和分析问题的方法，在思想政治教育接受活动中，特别是在思想政治教育内容说服力不强的情况下，对思想政治教育内容进行内化整合时就会出现信息失真。

（二）教育对象情绪上的抵触

大学生对思想政治教育的接受的过程实际上是一个情绪上认可，态度上转变的过程，因此积极的情绪会有事半功倍的效果，但在实际中笔者发现，大学生对思想政治教育活动存在着一定的抵触情绪和消极态度。第一，大学生自身的情绪抵触。我国大学生一般在 18~25 周岁这个年龄段，正处于心理上的成长与成熟的动荡时期，他们的情绪有很强的波动性，比较情绪化。他们乐于接受自己认为好的东西，而对自己认为不好或违背自己心愿的东西则比较排斥，这种比较情绪化的处事原则直接体现在了大学生对思想政治教育的接受问题上。他们乐于接受较为迎合他们本身价值观、道德观的理论观点，而对与之相反，甚至对他们既有价值观、道德观有批判性的观点是漠视和排斥的。"90 后、00 后"的大学生勇于思考，他们生长在信息爆的时代，思想上不成熟，"经常感到困苦、迷茫，甚至丧失信心"。第二，部分大学生对思想政治教育者的缺少信任。当前大学生处于比较偏激反叛的年龄段，他们一方面渴望达到教育者的引导，另一方面却又乐于挑战权威来证明自我。信任是和谐的教育生态元素，是教育的基础。但当前的教育系统却表现出信任缺失的状态，特别是教育者对受教育者的信任缺失，导致教育的"信任危机"。多数学生觉得思想政治教育理论课教师是具有一定威信的，还有部分学生认为没有什么威信，甚至有的学生认为他们根本没有威信。而在课后不与思想政治理论课教师主动交流。在开展教育活动中，信任是思想政治教育中，教育者与大学生彼此沟通的一个基础。如果思想政治教育对象对思想政治教育者缺乏信任感，对老师的怀疑和不认可会自然而然地投射到其所教授的课程当中，久而久之就会产生防御心理，导致大学生对高校思想政治教育的信任度下降，直接影响到对思想政治教育理论课的接受效果。第三，部分大学生对思想政治教育的存在一定的抵触情绪。当前思想政治教育理论课是高校学生的必修科目，大学辅导员常规进行的专项思想政治教育也是要求全员参加的，这种不得不进行，不得不接受的模式本身就引起大学生的情绪上的抵触和反感。这种规范化、一体化、简单化的教学不仅不能起到解决大学生自身实际问题的作用，还一定程度上迫使大学生不得不接受，这使大学生接待其的态度越来越偏激，情绪越来越抵触。

（三）教育对象实践上的困惑

大学生思想政治教育接受首先需要大学生在内心认同客体信息，即对教育主体实施的教育内容持认可、接纳的态度。但只有内心认同还远远不够，因为内化的思想观念能否转化为行为习惯，还需要通过外在的行为去养成。大学生可能会受一时的教育而产生某些高尚的思想，对教育者传导的内容产生认同，形成一时的冲动，但随着时间的推移，这种暂时的认同或冲动会逐渐消失，思想政治教育没有取得应有的效果。这实际上属于暂时接受，经不住较长时间的考验，大学生并没有真正接受思想政治教育的内容。很多情况下，大学生非常认同所接受的教育内容，但只要涉及自己的切身利益或需要自己去付出代价，则变得缩手缩脚，不去付诸实践。这其实也是一种虚假接受，并非真正地接受了教育内容。在实际的思想政治教育活动中，往往只重视了大学生内心认同的培养，而忽视了其外在行为环节，造成受教育者说起来头头是道，给人印象是已经理解和掌握了思想政治教育内容，但做起来往往出现偏差，没有取得应有的效果，这也是目前大学生思想政治教育接受效果不佳的具体体现。

二、高校思想政治教育理想状态的实践路径

（一）优化外部环境，适应思想政治教育需要

思想政治教育的接受的外部环境，即接受主体以外的思想政治教育环境，对开展思想政治教育活动取得的实效也起着重要的作用。如果接受环境是有利于思想政治教育活动开展的和谐环境，那会促进思想政治教育的发展，反之，则阻碍其发展。具体来说，思想政治教育接受环体可分为社会环境、家庭环境、学校环境等。

1. 优化社会环境

社会环境的优化，不仅包括政治环境的优化，还包括经济环境的优化，以及社会文化环境的优化。政治环境的优化是社会环境优化的根本，这就要妥善处理好各种社会矛盾，真正地做到坚持党的领导、人民当家作主和依法治国的统一，保证长久的安定团结的政治局面，努力建设社会主义和谐社会。经济环境的优化，就要大力发展社会生产力，认真解决民生问题，保证市场稳定，人民生活水平不断提高，完善社会主义市场经济体制。社会文化环境的优化，既要形成生健康文化氛围，还要营造良好的舆论环境，这是优化社会环境的主要方式。要多利用传统的纸质媒体、电视媒体，以及新兴的网络媒体，借助舆论的力量，弘扬中华传统美德和社会主义道德规范，建立与我国政治体制、经济体制相适应的新的文化观念和价值理念。

2. 优化家庭环境

家庭是学生最初接受教育的大本营，家长是学生名副其实的第一任老师，这一部分的教育对学生影响最为深刻，也最为重要。要想让家庭教育能够完全配合学校教育，发挥最大效果，就要从以下三个方面来优化家庭环境：第一，家长要加强学习，更好地承担教育子女的责任。所谓"欲治其国者，先修其家，欲齐其家者，先修其身"，要做一个新时代称职的家长，首先就要更新教育理念，在个人素质方面能够达到高校人才教育对家庭教育提出的新要求。第二，家长要合理安排家庭的物质生活和精神生活。家长应为大学生提供合适的物质条件，便于学生安心学习，为学生从小树立正确的金钱观和劳动观。同时和谐家庭应注重营造和谐的家庭气氛和有质量的家庭精神生活，为学生良好的个人品德打下基础。第三，家长应充分注重家庭教育在子女大学阶段不可或缺的重要作用，要积极和学校联系，了解子女情况，配合学校

相应的思想教育。不要因为距离的原因就忽略对学生思想品德方面的教育和知道，可以通过电话、短信、网络聊天和电子邮件等方式，增加和学生的联系，多了解学生的思想动态，特别是在入学、考试、就业等比较重要的时期，配合学校工作，帮助学生稳定情绪，正确看待挫折，面对困难。在每年的寒暑假，也应该多和学生接触，多了解其在校情况，发现问题及时和学校沟通，真正做到在教育上"双管齐下"。

3.优化学校环境

优化社会环境和家庭环境是在学校管理范围之外的，而且外部环境对大学生而言影响比较大的是学校环境。大学生都是住校学习，而且课余时间相对于高中时期明显增多，针对这种情况，学校应该注重营造校园文化，构建和谐校园。首先，应定期举办学术讲座，专家报告会，时事论坛等活动，介绍国家的政策法规，讲解国内外动态，推荐可以影响学生的优秀的书籍、电影，既培养学生的高尚情操，又让学生知晓国家大政方针和国内外发展形势，提高他们的政治素质。其次，要让学生走出校园，多参加社会实践，参与各种公益活动和志愿者活动，让他们真正了解社会，开拓他们的视野，引导他们热爱祖国，愿意用实际行动回报社会和国家。还要构建科学，适应学生需要的校园网络。当前大学生的上网需求量很大，大学有校内网这种便利条件，应该积极利用。

4.优化网络环境

随着信息技术的发展，网络把整个社会联系起来，任何信息的传播都离不开网络。要想充分发挥网络对于思想政治教育的作用。首先，要加强网络的监管，净化网络环境，建立网络法律法规，对于色情、暴力、犯罪等信息的输出进行把关，对于网络犯罪、网络不道德行为追究其法律责任，建设一个健康、有序的虚拟环境。其次，要加强对于网络媒体的教育，使得新闻媒体与党的思想、政治、行动上保持一致，把宣传的重点从不良文化转向弘扬社会正能量，从而帮助人们树立正确的价值观念、行为规范，鼓励人们奋发向上、积极进取，使得网络环境成为高校思想政治教育的新阵地。

总之，要集合多方力量，形成社会、家庭、学校的统一的教育合力，积极优化外部环境，为创造思想政治教育的良好环境，提升思想政治教育效果共同努力。

（二）加强思想政治教育理论自觉，提高理论创新能力

第一，任何一门学科都有理论自觉地问题，但不同学科面临的问题不同，其理论自觉地要求也可能不同。思想政治教育学科的理论自觉应该是针对思

想政治教育学科特殊性而提出理论建设的目标，其中不仅包括思想政治教育学科理论提升的目标，还应当包括思想政治教育学科理论反省的要求，是理论反省与理论提升两者的统一。理论自觉地目标其实质就是一种能力目标，因此提高思想政治教育学科理论自觉就是在现已具有的理论自觉地基础上努力提升思想政治教育学科理论自觉地能力。第二，理论自觉要多出理论成果，多出优秀的理论成果来服务社会，满足人们精神文化的需求，因而理论创新是理论自觉地目的所在。但是理论创新绝非易事，而是一项艰难的研究工作，它对理论研究者提出很高的要求：首先，研究者要有理论前瞻性，只有站在学术前沿者才能发现新问题新情况，这是理论创新的重要前提；其次，研究者要有洞察社会提炼问题的能力，具有这一能力者必然善于观察社会，于细微之处见端倪，在庞杂变化的事物中把握住问题的要害；第三，研究者必须占有大量资料，花大力气去搜集第一手的资料，这是不重复前人劳动的必须做的研究工作，也是理论创新的必要条件。除此之外，研究者还要具有梳理分析资料的能力，在信息社会海量信息的情况下，这项能力显得尤为重要；第四，研究者具有分析问题或解决问题的能力，提出独到见解与思路。创新一定是独一无二的，或是观点，或是方法，或是结论，这是学识、经验与思辨的结晶，是研究者综合能力的产物；第五，研究者要有团队意识和合作精神。鉴于现代科研问题的复杂与综合，往往需要集体攻关，在团队成员的齐心协力下才能有理论的突破，产生创新成果；第六，要具备勤奋刻苦持之以恒的意志力和无怨无悔的学术奉献精神。只有不断加强思想政治教育理论自觉，提高理论创新能力这样才能满足学生对思想政治教育的需要。

（三）加大教学改革，增强接受意识

要充分发挥高校思想政治理论课在培养合格的社会主义事业接班人过程中的巨大作用，施教者在施教过程中就应该以学生为主体，积极改革教学理念、改进教学方法、扩展教学内容，把培养学生的接受意识放在首位。

1. 教学改革施教方法改革，适合受教育者的心理接受

研究思想教育的接受问题就要以受教育者为接受主体，就应该关注受教育者在接受过程中的心理历程。这样才能找到合适的施教方法，顺利帮助受教育者树立正确的"三观"，并将之外化为行为，这样才能真正地从心理上接受，从行为上体现。因此改进施教方法以适合受教育者的心理，这是提高接受效果的需要。首先作为接受主体，大学生本身具有主体性，成长的经验使他们具有自己的评判是非的标准，有自我认识，自我教育的能力。但同时他们的经验和标准并非正确的，本身和社会对他们的要求是有矛盾的。思想政

治教育应该契合这一矛盾，结合受教者本身的心理特点，在重视他们自身主体性的同时，改进施教方法。

随着经济的发展，改革开放的深入，各种文化也在互联网上交流融汇，开阔大学生眼界的同时，有的也侵袭了大学生的思想，带来了文化的挑战，一些大学生的思想和道德方面发生了动摇。教育者针对这种情绪，不应规避问题，而是要了解受教育者的心理，掌握受教育者接受的心理规律，采取正确的施教方法，"对症下药"，这样才能取得令人满意的效果。

2. 注重教学中理论联系实际，适合大学生接受的心理规律

施教理念和方法要适合学生的接受心理规律，同时还要遵循理论联系实际的原则，只有将课堂理论与课外实践有机地结合到一起，才能激发学生的学习兴趣，让理论教学不再空洞、乏味。第一，教学理论与我国国情实际紧密联系在一起。高校思想政治教育理论学习应该和我国国情密切结合在一起，便于学生正确分析在生活实际遇到的问题，正确理解党和国家的大政方针。如在讲解科学发展观这一重要理论时，可以和我国的"三农"问题、经济可持续发展问题，联系在一起，既解决学生对现实问题的困惑，又可以使理论学习更加生动具体。第二，教学理论要与学生思想实际联系到一起。虽然我国当前高校思想政治教育的整体状况是积极向上的，但由于我国经济不断发展，改革开放持续深入，学生在生活中难免思想上的困惑和彷徨，比如对一些"富二代""我爸是李刚"现象的出现，很容易让学生产生"金钱至上"的错误理念，这就需要将教学理论和学生思想实际紧密地联系在一起，只有及时地用科学的理论化解学生心里的矛盾和疑虑，让真正让学生接受、认同、信仰所学理论，进而转化为行为实践。第三，理论联系实际要客观真实。我们将教学理论与客观实际紧密地结合在一起，不仅要讲到我国发展建设中取得的成就，也要分析我国建设过程中出现的问题，这样才能增强教学理论的科学性和说服力，让学生觉得真实可信，同时明白任何事情，包括社会主义道路的发展都不是一帆风顺，提高学生的抗压能力和辩证的分析问题的能力。

3. 加强教学的实践性，增强课程的务实感

针对很多在校大学生认为思想政治理论课理论性太强，较为空洞的情况，在教学实施过程中应贯彻理论联系实际的原则，增强课程的务实感，扩展教学内容，将思想政治理论学习从课堂带到现实社会中去，增加课外实践。首先，应该肯定课外实践的作用，将课外实践提高到必修课的地位。根据教学大纲的安排，一般到大二结束时，在校大学生就基本完成了在大学阶段的思想政治理论课程学习，为了更好地巩固所学知识，可以选定在大二的暑假，要求学生开展暑假课外实践。实践的题目应由学校提供备选，由学生自行决

定，实践的方式也可以是多种多样的，比如社会调查、参观访问、工作实习、志愿服务等多种形式，在遵守理论联系实践原则的前提下，达到让学生认识社会，了解国情的活动即可。其次，课外实践应具备详实的计划，具体的实施方案，并在实践后有总结性结果分析或论文报告，以便于教师的考核评分。另外，比较重要的一点是，应通过制度来保证课外实践能够长期有效的进行。一方面在时间上应该固定，不能时有时无，应纳入学校教学计划之中，另一方面要扩大参与面，不仅保证学生能够全面参与，还应该呼吁社会多关心大学生思想政治教育的课外实践，尽量提供实践场所。学校以及上级有关部门也应该拨专款，保证课外实践的顺利进行。

4. 课堂为主要阵地，注重学生的主体性

教学方法是以课堂为主要阵地，要使学生在课堂上真正接受所学内容，就要改进传统的教学方法，坚持多样化的教学方法，真正地发挥课堂教学活动中的教师的主导作用和学生的主体作用。教育者作为主导性主体或主动性主体，组织教育活动，把握教育规律，选择教育方法；受教育者作为受动性主体，即接受主体积极参与、主动配合教育活动，将教育成果外化为实践行动，双方在"理解融洽的基础上通过互识达成共识"。第一，课堂教学与自学讨论相结合。课堂教学占教学计划的大部分，主要由教师对思想政治教育理论中较难的理论进行讲解，而对于相对较易理解的理论应有学生自主学习和分组讨论来进行。自主学习可以提供一段时间让学生预习，然后教师提问和学生之间自讲互评的方式来进行检查考核，而遇到一些与学生关系较为密切，或有关时事的问题，可以组织学生进行分组讨论，让每组根据己方的观点，提出论据，利用所学理论知识进行分析。这样的讨论一方面由于需要学生在课余时间查阅和搜集大量资料，可以激发学生对理论学习的兴趣，培养学生自学的能力，另一方面在分析的过程中，有利于夯实所学理论，并将之学以致用，提高课堂的学习效果，无论是自主学习还是分组讨论，教师都应该进行总结性讲解，归纳理论观点，加深对思想政治教育理论的正确理解。第二，将热点问题带入课堂。对一些热点问题，如"三农"问题、医保改革问题、住房改革问题、大学生双创问题等等，可以请校内外的专家进行专题讲座，或者播放比较权威的视频讲座，比如百家讲坛、耶鲁大学公开课等等，这样的讲座内容精彩，富有名师魅力，容易引起学生的兴趣，开拓学生的视野，让学生可以多角度审视问题，对问题的理解更加深刻、完整、透彻。第三，教学手段关注接受主体的需要。要深入了解受教育者的内在需求，受动性主体在教育活动中接收到大量的政治、思想、道德、心理等方面的教育信息，引起主体感官的能动反映，形成相应的直观感受。在此基础上，通过大学生自身的主体性对初步形成的感受进行进一步的分析，形成确切、稳固的认知，然后以自身的思维习惯和认知性因素，通过筛选、排除和接纳来进行取舍与整合。第四，实施多样化的考核模式。思想政治理论课的考试并非要考察学生的死记硬背能力，而是要看学生是否有能力正确运用马克思主义理论观察解决新问题，研究新情况，所以考核模式和方法也应是多样化的，可将闭卷、开卷、理论问答和观点陈述相结合。考试可以是传统的答卷，也可以依据自学讲解，分组讨论的表现来评定成绩，还可以写论文谈看法。另外对课堂纪律这部分也应体现在最终成绩中，有利于让更多学生关注思想政治理论课。

（四）提高教师素质，保障接受效果

思想政治理论课教师作为思想政治教育的传统主体，对理论知识的传授和学生有效接受所学理论发挥着不可或缺的作用。如果老师能够坚定个人的马列主义信仰，对所教内容了如指掌，在教学过程中尝试各种新方法，乐于迎接新挑战，充分了解自己的教育对象，那么不仅能够增添思想政治教育理论课本身的魅力，还可以保障接受效果，是学生能够更快地进入接受的理想状态。

1. 提高教师的思想素质

高校思想政治理论课教师和高校学生工作辅导员、班主任处于思想政治教育工作的第一线，正是因为这样，更应该用马克思列宁主义思想来武装头脑，有坚定的政治立场和明确的政治信仰，关注党和国家的工作方针、政策，及时学习会议精神，能够正确分析时事政策，具备正确的世界观、人生观和价值观，有过硬的思想素质，才能承担起教育学生的重任。

2. 提高教师的业务素质

"要当先生，必须先当学生"，在当代社会，教师应是一个终身学习的职业，教师要经常更新自己的知识体系，从各种渠道获得各种有益的知识，使自己既不脱离于时代，又不远离学生的世界，自觉地加强学习，提高自身的业务素质和修养。

第一，开展多种形式师资培训提高教师整体素质。学习是提高教师业务素质的主要方式，在校内，应该发挥教授、从教经验较丰富的老师的帮带作用，多组织同类学科教师经验交流，将青年教师在工作过程中遇到的问题汇总，由中老年教师集中解答，消除青年教师在执教过程中的疑虑和困惑。同时，应多组织有经验的教师，教学督导走进青年教师的课堂，听课之后不仅要提出问题，最重要的是要提出解决问题的具体方法，切实提高青年教师的教学水平和教学艺术。另外，在校内要组织专题的师资培训，鼓励教师搞科研创新，多开展教师之间的"业务比武"，讲课大赛等活动，建立多种层次，多种形式的培训体系，有计划，有针对性地对教师进行培训和研修。第二，提供机会让教师走出校园，开阔视野。思想政治理论教学以书本为主，但思想政治教育应落实到实践中。除了要让学生深入实践，学校还应组织教师多外出参与一些对提升思想政治教育理论能力比较有帮助的学术研讨会、研讨活动及课堂教学参观活动等等。通过这些活动不仅开阔教师视野，还能探索出一些工作的新思路，新方法。待这些辅导员、班主任返回学校后，应及时组织进行同行总结交流，有利于传授经验，共同应对新情况，也可以发现工作上的不足，进行弥补改正，确保学生工作的顺利进行，保证学生无论在校内还是校外，在思想上还是生活上都极少的出现问题。第三，加强学校之间的交流，共同进步。

3. 提高教师的教学素质

目前教师的教研较多的停留在教材的分析、考试的研究，限于一些教学技巧和教学经验的陈述。而对教学理论的研究相对薄弱，缺乏对教学的创造性思考。教师只有成为学者型的教师，才能适应知识经济时代的挑战和素质教育的发展。一名思想政治教育课教师可以将教材中的知识点在课堂上解释清楚，将马克思主义理论分析透彻，这说明教师本身的业务过硬。但如果想要在课堂上牢牢抓住学生的吸引力，让听课的学生津津有味，心服口服则体现出一名教师的能力。在现在这个信息多元化的时代，仅仅书本的知识是无法满足学生的求知欲的，因此，老师应该解放思想，拓展思路，对教材内容进行深层次挖掘。首先，要有良好的语言表达能力。这就要求教师的语言准确清晰，具有学科性；简明练达具有逻辑性；生动活泼，具有形象性；抑扬顿挫，具有和谐性。其次，较强的教学组织能力。教师能集中学生的注意，灵活调节进程，活跃课堂气氛，控制教学环境，引导学生的思维，发展学生的创新能力，维护课堂教学秩序，处理偶发事件等。第三，研究能力。教师要成为教书育人的专家，成为讲演教学研究的复合型人才，实现从"教书匠"向学者型的转化，研究能力是应具备的素质之一。教学内容能引起学生共鸣和关注度的事例，透过现象挖掘本质，提供新的视角帮助学生解决眼前的困惑，才能让学生由衷地感受到老师能够帮助他们解决实际问题，老师所传授的知识对他们有很重要的作用，这样学生才能将思想政治教育内容接受并内化。

4. 增强教师的人格魅力

一门课程是否具有吸引力，一方面是因为课程本身的内容，另一方面主要依靠老师本身的魅力。学生欣赏、信赖、喜欢老师，自然而然也会乐意上老师的课，相信老师讲授的理论，因此增强教师个人的人格魅力是尤为重要的。思想政治理论课教师要有高尚的品格，坚定的信念，在学识上优先赢得学生的尊重，同时作为教师要尊重学生，爱护学生，诚心地做好学生的良师益友。在学业上指导学生，生活中引导学生，遇到问题不是要端教师架子，板起面孔训斥人，而是要从学生的角度出发，和风细雨的层层分析问题，以理服人，以情动人。特别是大学生辅导员、班主任，更应该是提升个人魅力，不仅做学生心灵的导师，生活的引路人，更要做他们的"知心人""情感热线"，帮助他们解决学习、思想、生活、交友、恋爱上的各种问题，将思想政治教育工作渗透到学生工作的方方面面，从根本上减少问题的发生。

综上所述，作为思想政治教育教师要不断加强学习，在思想素质、业务素质、能力素质上不断自我提高，增强个人魅力，以学生为教育工作的先导，努力为社会主义现代化建设输送合格人才。

（五）关注大学生接受能力，提升接受效果

现代传播学认为，受众接收信息的过程是选择性接受、选择性理解、选择性记忆的过程。在思想教育过程中，大学生本身要对是否接受所学理论进行判断，这就是他们在发挥主观能动性，做出选择。每名学生不同的价值观、认知水平，以及当时的情绪、心理都对思想政治教育的接受产生不同的影响。因此接受主体的自身因素是不能忽视的，提升大学生本身的接受能力应关注以下几个方面：

1.强化接受动力意识

高校思想政治教育运行的内在动力，是作为接受主体的大学生对自我的社会价值的追求，即思想政治教育接受主体的微观动力，也是接受思想品德教育的内在驱动力。而大学生能动地接受思想政治教育是由人的社会本质而决定的。人的社会性随着主体社会实践活动领域的扩大或深化以及科学知识的不断获取而日益浓厚，对人自身的自然生物本能不断地施加制约、引导和规范，从而使人思想和行为逐步染上鲜明的理性色彩和社会自觉成分。人的本质是社会性，而接受系统的思想政治教育也是让个人的价值在社会中得以体现和实现。作为个人在社会经历中能够形成一些符合社会要求的道德观念，但毕竟是不系统的，那么他对社会道德价值标准的认同和遵循决定了他个人言行在社会范围中受人重视的程度。大学生要实现自我价值，最大程度得到社会认可，就必须系统地接受指导和约束自我行为的道德教育。

2. 关注学生的心理接受过程

要使学生真正接受高校思想政治教育，必须要了解受教育者接受教育的过程，这一过程主要是指接受主体的心理接受过程。第一，思想政治理论与道德需要是受教育者接受教育的原动力。人们基于生存的本能，需要大力发展生产力和经济，在满足生存的基本条件后，人们对新的知识、道德产生渴望和内在需要，激发人们去学习符合社会发展和让人类发展的新的道德理论。在不断地学习中，人们会因知识的增长、道德的提升，对更多理论知识产生更强烈的学习动机，如此循环下去，使人们的思想道德水平不断提高。由此可见，受教育者对思想政治教育与道德的接受的主要动机是源于自身的需要。第二，思想政治理论与道德选择是受教育者接受教育的基础。思想政治教育的接受必须在思想政治理论与道德选择的基础上进行，一般要经过以下三个阶段：一是分析比较各种思想政治理论与道德观念。在这一阶段，受教育者对进入视野的各种信息进行比较，进行分析权衡，进而对各种思想政治理论与道德观念进行初步的价值判断。二是偏向于某种思想政治理论与道德观念。在比较、分析和价值判断的基础上，个体对某种思想政治理论与道德观念产生了特别的偏向，会特别努力的学习这种思想政治理论。三是坚信某种思想政治理论与道德观念。这一阶段形成的信念，具有高度的确定性，接近于信仰，并具有浓厚的情感色彩，受教育者不但自己会积极努力地为它奋斗，而且会去动员和组织他人成为自己奋斗的伙伴。第三，思想政治理论与道德内化是受教育者接受教育的基本方式。思想政治理论与道德内化包括受教育者对所学理论认可、理解，并将之纳入自己原有的道德观念和价值体系之中，成为受教育者以后行为的指导原则。第四，思想政治理论与道德外化是受教育者接受教育的行为表现。思想政治理论与道德外化指受教育者在接受教育过程中，将内化为自己思想品德结构中的思想政治理论与道德转化为外在的行为的过程，也就是由知到行的过程。

3. 引导学生树立正确的价值观

根据教育部的跟踪调查可看出，我国高校大学生的整体价值观和价值取向积极、健康的，但是随着我国经济体制改革不断的深入，相伴而来的不仅是人民物质生活的大幅提高，还有对传统道德观念和传统文化的冲击，这其中也包括对大学生的价值追求、理想选择、精神需求、行为方式等方面的影响，部分学生会滋生"金钱至上""机会主义"等错误思想，这都会直接导致大学生对思想政治教育内容的接受做出不同的选择。因此要积极引导大学生树立正确的世界观、人生观、价值观，正确分析经济发展和社会进步，正确的看待改革和发放，培养学生用正确的道德观念守护心灵，用正确的法律观念武装头脑，只有这样才能真正地接受并内化思想政治教育理论课的教学内容，脚踏实地的努力创造未来，自觉认同社会所倡导的社会思想道德体系，树立正确的价值观念。

4.引导学生养成科学的思维方式

刚刚脱离家庭的庇护，走入大学的00后大学生正处于热血方刚、最有激情的年龄阶段，他们本身的文化积淀并不深厚，社会阅历和社会经验较少，对人对事的态度往往受情绪的左右，看问题比较简单、片面、偏激，进而影响到了对政治观点的理解和把握，不能够很好的接受思想政治教育理论。所以，要培养学生用理性的科学思维来辩证的分析问题，在事件中树立全面的观点、联系的观点、发展的观点、系统的观点，克服情绪化的弊病，这样才能更好地解决问题。

第二节 思想政治教育中的文化认同

当今世界，文化认同与经济、政治相互交融、相互渗透。文化认同的力量，不仅深深熔铸在民族的生命力、创造力和凝聚力之中，而且越来越成为综合国力和国际竞争力的重要组成部分。国家的发展和强盛，民族的独立和振兴，人民的尊严和幸福，都离不开强大文化认同的支撑。对于一个处于当代文明社会的国家与民族而言，强烈的文化认同既是该国自立于世界民族之林的伟大精神力量，又是使民族在激烈的国际竞争中立于不败之地。文化认同是主体（个人或群体）以所属民族文化为根基，以弘扬民族精神为主题，以文化交往与文化交流为途径，寻求相互理解、相互尊重，从而为实现自身和谐发展提供文化底蕴与精神动力。"文化认同是大学生思想政治教育的重要内容"，正是在这个意义上，新时期我国思想政治教育的文化认同价值既有利于实现思想政治教育的加强与改进，又有利于切实体现新时期思想政治教育的意义和作用。

一、大学生思想政治教育的文化认同功能

思想政治教育文化认同的功能是思想政治教育本质特征与价值所在，是其特有属性的外化形式与集中体现，是思想政治教育不断发展、完善与创新的坚实基础。事实上，只有科学认知思想政治教育文化认同的功能，才能充分发挥思想政治教育的实效性，才能拓展思想政治教育的深度与广度。

（一）思想政治教育的文化认同调节和激励

在某种程度上，作为"类"而存在与发展的人，其社会性的发展程度与

决定着人类的文明程度与社会的进步程度。因此，一个和谐的社会，理应是人与人相互尊重、相互信任、相互帮助、相互理解的，充满人文关怀的社会，理应是人与自身、人与社会、人与自然全面、协调、可持续发展的社会。然而，由于自然的和社会的客观因素的制约，由于人们在家庭出身、成长环境、教育背景、情感经历、社会地位、实践经验等方面的差异，导致了人们心理的失衡、心态的波动、心情的压抑，或是在性格上存在的缺陷，或是在情感上缺少慰藉，或是在认知上存在偏差。所有这些，直接导致了人与人之间，群体与群体之间，人与社会之间，人与自然之间关系的异化，从而使人们在各种矛盾与冲突间艰难的徘徊、痛苦的抉择、无奈的应对。此时，既需要作为主体的个人自身具有良好的自我调节能力，又需要群体与社会对其给予必要的情感关怀，更需要思想政治教育的文化认同能够充分发挥其调节的功能。在我国，思想政治教育既体现中华民族传统文化的独特魅力，又体现着党的路线、方针、政策的以人为本，既体现着社会主义和谐社会的价值诉求，又体现着社会主义核心价值体系的人文关怀。事实上，通过科学的、规范的、及时的思想政治教育文化认同的开展与实施，我们可以帮助人们树立平和的心态、正确的理念，可以帮助人们更好地调节自我，可以帮助人们建立一种健康的、积极的、和谐的人际关系，可以帮助人们更好地实现自我价值与社会价值完美统一，可以帮助人们更好地实现人与自然之间的和谐相处，从而实现人充分、全面、自由的发展。

在构建社会主义和谐社会的过程中，既要实现经济社会的全面、协调与可持续性发展，又要坚持以人为本，实现人的充分、全面与自由发展。也就是说，社会主义和谐社会既要关注全社会的凝聚力、向心力与整合力的实现问题，也要关心人的积极性、主动性与创造性的发挥问题。而无论是全社会的凝聚力、向心力与整合力的实现，还是人的积极性、主动性与创造性的发挥，都与其自身的利益密切相关。因为，以市场经济为主导的改革开放已使当代中国日益进入利益分化的时代，在这样的背景下，利益矛盾与利益冲突的出现也升级将是一种必然趋势。我们只关注人们物质利益的协调与平衡，还不能实现人与人之间、人与社会之间、人与自然之间的和谐发展，我们还要更关注人们精神利益的满足与实现。而在物质利益协调与整合的过程中，实现人们精神利益诉求，客观上就需要我们充分发挥思想政治教育文化认同的激励功能，以精神利益满足来充分调动广大人民群众生产生活的积极性、主动性与创造性，充分挖掘他们的潜力，为构建社会主义和谐社会做出更多、更大的贡献。具体而言，实现思想政治教育文化认同的激励功能，可以通过榜样激励，因为对于思想政治教育过程中的文化认同来说，作为良好榜样的教育者通过言传身教来感染受教育者，使受教育者树立科学的世界观、人生观与价值观；可以通过情境激励，因为对于思想政治教育文化认同的过程来说，积极向上的情境能够激发人们奋发向上、努力拼搏；可以通过感情激励，人的社会属性与人的集体归属感需要被理解与尊重，被信任与关心，这些心理需要的满足也是思想政治教育文化认同理应关注的重要内容。

（二）思想政治教育的文化认同认知和导向

在构建社会主义和谐社会的过程中，思想政治教育文化认同的认知功能集中表现在通过对人自身品德调控推进人与人之间的和谐相处，通过个人价值与社会价值的有效结合推进人与社会的和谐相处，通过人的观念创新与行为规范推进人与自然的和谐相处。因为，在现实生活中，思想政治教育文化认同对人们思想品德与行为规范都具有强大的调控价值，通过思想政治教育可以帮实现对人们的道德教化、文化认知与行为约束。从而使人们逐步认识到自己树立良好品德的意识，拥有良好品德行为的重要性与必要性，并能够以逐渐以科学的世界观与方法论为端正自己的思想观念，来规范自己的行为举止，来正视自己与正视他人，来正视世界与正视社会，从而实现人与人之间，人与社会之间的和谐和相处。与此同时，通过思想政治教育文化认同还可以使人们逐渐认识到人与自然之间友好相处的重要性，认识到人与自然之间共生共荣的必要性。只有这样，才能帮助众正视自然、环境、资源对于人类生存与发展的理论意义与现实价值，才能帮助人们树立尊重自然、爱护环境、节约资源的科学意识，才能增强人们建设环境友好型社会与资源节约型社会的紧迫性与时代感，从而推进人与自然的和谐相处。

思想政治教育文化认同还具有导向功能。思想政治教育文化认同的导向功能主要是指思想政治教育活动为了实现党、国家与社会的某种需要，在受教育者选择、校正与实现其人生目标、政治目标、社会目标过程中所具有的功效与作用。事实上，思想政治教育文化认同的导向功能不仅能够引导整个社会意识形成的健康发展，也能够引导市场经济的稳定运行，更能够推动社会和谐稳定。思想政治教育文化认同的导向功能其根本目标与宗旨在于通过具有科学性与人文性的启发、动员、教育与引导，把人们的思想观念与行为规范引导到符合时代文明、社会进步和人自身和谐发展要求的正确方向与轨道上来，这种导向功能主要是要引导人们能够对中国传统文化进行批判性的继承与发扬，从而使古老的中华文明为当代中国人提供渊源不断的文化滋养，以逐步实现对中华民族文化的认同；要引导人们对西方的多元文化进行科学的分析，并积极借鉴包括资本主义文明在内的人类文明的一切成果成为当代中国人创造新的文明的理论来源；要引导人们对复杂的社会现象进行客观、公正的批判与鉴别，以落实科学发展观，树立正确的是非善恶标准；总之，要通过思想政治教育文化认同的导向功能的发挥，帮助人们在西方价值多元化的冲击下，坚定中国特色社会主义的一元化导向，既承认价值多元取向的现实性与可能性，要坚持中国特色社会主义指导思想领导地位与核心价值，既能够创设人的全面发展所需要的良好的精神文化环境，又能够为社会和谐发展提供所需要的精神动力与智力支持。

（三）思想政治教育的文化认同选择和保障

通常情况下，一定的社会思想观念、风俗习惯、道德评价、价值标准、风土人情等文化因素如果与当时思想政治教育的内容、目标相融合，那么思想政治教育文化认同就会对其进行有目的的吸收，有选择的借鉴，有差别的对待，使其成为思想政治教育的基本内容或主要载体。在现实生活中，思想政治教育的这种文化选择功能主要表现在，一方面是对与思想政治教育内容一致，目标统一的一定社会的文化因素进行吸收与借鉴，其成为思想政治教育文化认同的重要组成部分；另一方面，是对与思想政治教育文化认同内容相反，目标相左的一定社会的文化因素进行批判与否定，以防止政治反文化和其他腐朽文化对受教育者的侵蚀与毒害。当代中国正处于社会全面转型时期，在对内深化改革与对外扩大开放的进程中，正面临着来自经济全球化、政治多极化、文明多样性的全面冲击与严峻挑战。特别是以西方价值观凭借互联网等信息媒体正在对我国以社会主义核心价值体系为主要内容的文化安全建设进行着前所未有的冲击，当代中国社会的主流文化也正经受着史无前例的挑战。此时，我们必须坚持马克思主义的指导地位，必须高举中国特色社会主义的伟大旗帜，努力践行"三个代表"重要思想，牢固树立和坚实落实科学发展观，对西方文化在科学批判的基础上进行有选择性的吸收与借鉴，对中国传统文化资源在扬弃的基础上进行有针对性的改造与升级。总之，我们要以科学的态度、客观的标准与宽容的胸怀来实现对包括资本主义在内的一切文明成果进行批判、继承与创新，对现有的外来文化资源、传统文化资源与当代文化资源进行全面、系统与彻底的整合，其根本目的是把那些具有中华民族特色、彰显时代精神、体现当代中国人精神面貌与道德风尚的文化内容融入我们的思想政治教育文化认同活动之中。

思想政治教育文化认同的保障功能主要是指思想政治教育要服从并服务于中国特色社会主义建设的实践，要服从并服务于构建社会主义和谐社会的实践，要服从并服务于全面建设小康社会的实践，要服从并服务于实现中华民族新的伟大复兴的实践。思想政治教育文化认同的保障功能主要表现在人的思想观念、品德修养与行为活动之中，而不是简单意义上的制度设计、规范制定或其他物质层面。回顾历史，我们不难发现，在以往对思想政治教育文化认同的保障功能的论述中我们更习惯于用"思想政治工作是我们一切工作的生命线"来给予定性分析与价值判断。事实上，思想政治教育文化认同正是因为具有这样的特定的功能才逐步确立了它在整个经济社会和谐发展中的科学地位与独特作用。在改革开放之前，无论是社会主义革命的需要，还是社会主义建设的要求，思想政治教育对保证人们达到政治共识、思想一致、行为统一都起到了强有力的保障作用，成为当时实现经济社会健康、稳定、有序发展的重要思想条件。进入改革开放之后，尤其是进入 21 世纪以来，在党中央、国务院的统一部署下，党领导和团结全国各族人民开始了全面建设小康社会与构建社会主义和谐的伟大实践，思想政治教育的具体工作方式与方法发现相应的变化，但它作为保障推进中国特色社会主义建设又好又快发展的重要保障的功能没有变。因为，通过思想政治教育文化认同的协调与整合能够有效化解与控制社会利益分化所带来的各种冲突与矛盾，从而把人们的思想与行动都统一到建设中国特色社会主义的伟大实践上来；通过思想政治教育的科学开展既能够实现人们个性发展的充分尊重，又能够实现人们根本利益的充分保障；通过思想政治教育文化认同既能够树立人们正确的竞争意识，鼓励人们敢于竞争、善于竞争，又能够确立人们合法竞争、公平、合理竞争，以保障社会竞争有序进行。因此，伴随着思想政治教育文化认同的发展及其保障功能的进一步强化必将促进社会进一步和谐与发展。

（四）思想政治教育的文化认同传播和创新

思想政治教育文化认同的根本目的是对通过特定的思想观念、行为规范、道德标准对受教育者进行有组织、有计划、有目的的教育，使其逐渐形成符合社会主流价值观的思想品德、道德规范与文化修养。作为一种使社会成员成长为符合统治阶级要求与社会主义主流价值观的教育实践活动，思想政治教育文化认同可以说一种特殊的文化形式，或对社会成员进行社会性改造与文明性提升的文化生成形式，因为，思想政治教育文化认同无论是对受教育者科学思想观念的培养，还是对受教育者正确行为规范的养成，无论是对受教育者高尚道德标准的确立，还是对受教育者良好文化修养的提升，从本质而言都政治文化、伦理文化的一种表现形式，其价值诉求在于实现作为个体存在与发展的受教育者的政治、伦理与道德的社会化，并逐渐提升受教育者的素养进而推动社会的文明与进步。正是在这个意义，我们说思想政治教育文化认同作为传播文化的一种基本手段，在实现受教育者科学思想观念的培养、正确行为规范的养成、高尚道德标准的确立和良好文化修养的提升的过程中，既使受教育者通过思想政治教育的文化认同端正了政治态度、坚定了政治信仰、优化了政治知识，又使受社会凭借各种科学的、有效的手段传播了主流价值观和政治意识形态。因此，我们说思想政治教育文化认同所具有的这种文化传播功能实现了社会与思想政治教育的受教育者之间的良性互动，从而能够为中国特色社会主义培养一批又一批的中国特色社会主义伟大事业的建设者和接班人，进一步推进中国特色社会主义先进文化的大发展与大繁荣。

新时期，我国思想政治教育文化认同是以弘扬中华民族传统文化与借鉴当代西方资本主义文化为时代背景的，思想政治教育文化认同所选择的文化是中华民族的优秀传统文化，所借鉴的是符合人类共同价值诉求的当代西方文明成果，所传播的是当代中国社会的主流文化。当代中国思想政治教育的主题是在全社会树立社会主义核心价值体系，大力弘扬爱国主义、社会主义与集体主义。尤其是在尊重世界文明多样性的同时，在积极应对多元文化强烈冲击与严峻挑战的同时，进一步加强与改进对主流文化思想的宣传与教育，必须坚持马克思主义的指导地位，必须坚持中国特色社会主义理论体系在思想政治教育中的主体地位，必须坚持"三个代表"重要思想、必须用科学发展观、社会主义核心价值观、习近平新时代中国特色社会主义思想、实现中国梦理论统领思想政治教育改革与发展的全局以牢固占领思想政治教育的阵地，必须坚决抵制腐朽、没落资产阶级文化，必须旗帜鲜明地反对一切反马克思主义文化。要从理论内容创新与实践过程创新两个领域增强思想政治教育文化认同的说服力、凝聚力，从而有效解决人们在思想观念上的困惑与政治信仰上的迷茫，从而共同建设中华民族共有的精神家园。为此，我们要更加自觉地通过思想政治教育文化认同优化与整合来推动中国特色社会主义先进文化的健康发展，要更加认真地进行思想政治教育的创新来推动思想政治教育文化认同与整体社会文化进步的协调发展，要更加关注思想政治教育文化认同对各种文化资源的开发与利用来推进对社会多元文化的科学对待与理性整合，从而实现当代中国文化的和谐发展。

二、思想政治教育的文化认同的当代价值

思想政治教育文化认同的价值是指在思想政治教育过程中，坚持以马克思主义为指导，立足历史与国情，优化与创新内容，通过所传递、传播的文化理念、文化价值观和文化精神使受教育者能够不断形成以文化为介质与平

台的经济、社会、政治、思想、伦理、道德和情感上的认同感，这种认同感是中华民族凝聚力、向心力与创造力的文化基础，是当代中国社会走向和谐与发展的重要文化资源。正是在这个意义上，我们要始终坚持"思想政治工作是经济工作和其他一切工作的生命线"，"要用科学的态度对待我们民族的传统文化和外来文化。我们民族历经沧桑，创造了人类发展史上灿烂的中华文明，形成了具有强大生命力的传统文化。我们要取其精华，去其糟粕，很好地继承这一珍贵的文化遗产……我们讲继承、讲借鉴，目的是通过继承和借鉴，使民族传统文化、外来文化的精华，同我们党领导人民在长期革命和建设中形成的优良传统和革命精神有机结合在一起，并新的实践基础上不断创新，建设和发展有中国特色的社会主义文化。"因此，我们要通过思想政治教育的科学地、持续地、有效地、长期地开展来不断加强全体社会成员的文化认同，来不断彰显思想政治教育所具有的独特的文化认同价值，以不断增强整个中华民族的凝聚力、向心力和创造力，从而大力推动中国特色社会主义的健康发展。

（一）思想政治教育的文化认同的鉴别价值

众所周知，当代中国的发展和进步是离不开世界各国的文明成果的。我们正在进行的中国特色社会主义文化建设，既要积极继承和大力发扬中华民族优秀文化传统，又要大胆借鉴包括资本主义所创造的一切人类优秀文明成果，并能够从这些国家和民族的优秀文化传统与现代文化模式中汲取营养，发展自己。而鉴别和吸收的根本标准在于，能够被我们所利用的外来文化资源是否有利于中国特色社会主义事业的持续、健康与稳定发展。

为此，我们在加强与改进思想政治教育的进程中，要始终坚持"以科学的理论武装人、以正确的舆论引导人、以高尚的精神塑造人、以优秀的作品鼓舞人"，不断加强思想政治教育力度和思想政治理论建设，这既是我们在新时期不断提高思想政治教育科学性和实效性的重要基础，又是我们在新时期不断加强全体社会成员对本民族文化认同的必要前提，还是在加强与改进对外文化交流与合作过程中提供广大人民群众对外来文化鉴别力的重要措施。众所周知，外来文化既有其文明性，又有其腐蚀性。因此，我们要在对待外来文化时应本着实事求是的态度，采取具体问题具体分析的方法，既反对全盘接受的态度，又要反对一切拒绝的做法。要通过加强与改进思想政治教育，使广大人民群众掌握科学的世界观、价值观和人生观，从而以整体的文化视角，通过文化互动和跨越的双重途径，实现中国传统优秀文化、当代中国社会主义先进文化与外来文化的良性互动与有机融合，这既是文化实现和谐发展的必要选择，也是当代中国人集体智慧的肯定体认。只有这样，我们才能真正实现传统文化、当代文化与西方文化的全面、协调与可持续发展。为此，我们要坚持从我国国情出发，坚持以我为主、为我所用、辩证取舍、择善而从，积极吸收借鉴国外文化发展的有益成果，更好地推动我国文化的发展繁荣。一切有利于加强我国社会主义文化建设的有益经验，一切有利于提高我国人民精神境界的文化成果，一切有利于发展我国社会主义文化事业和文化产业的管理方式，都要积极研究借鉴。要始终高兴社会主义文化旗帜，在文化观念上决不照抄照搬，在发展模式上决不简单模仿，坚决防范和抵御各种腐朽落后的文化观念侵蚀干部群众的思想，确保国家的文化安全和社会稳定。

（二）思想政治教育的文化认同继承价值

历史已经证明并将继续证明，任何一个民族的健康发展都要离不开对其传统文化继承，也就是说，继承传统文化是一个民族得以发展的必要前提。而通过思想开展思想政治教育，通过富有成效的思想政治教育能够加强全体社会成员对民族传统文化的认同，能够实现对本民族传统文化科学分析与合理继承。因此，在这个意义上，我们认为，思想政治教育在对民族传统文化认同的过程中可以进行批判性的继承。在历史上，对本民族传统文化的认同，无论是通过富有人文关怀的思想政治教育，还是采取"文化霸权主义"等强制措施，对传统文化的继承都相对比较简单，基本上是以所在国度与所处历史时期，以其民族特有的文化传统、语言习惯、思维方式来实现某种文化认同，或是因自己的理性抉择而加强了对本民族传统的文化认同，或是因强权的介入而割断了本民族传统的文化延续。而在全球化的今天，对民族传统文化的继承已经远远不止是基于这些原始的、物化的方式了，再加上以信息技术为主导的国际文化交流与合作的日益加强，对传统文化的继承已经不再是本民族自身就简单实现或是外来民族强行的切断。在构建社会主义和谐社会和倡导和谐世界的背景下，我们需要的是以马克思主义为指导思想，以社会主义先进文化为引领，通过强有力的思想政治教育来不断地加强全体社会成员对本民族传统文化的认同，不断地开拓其全球化的文化视野，从而在继承中华民族优秀文化传统的过程中，既能对其精华加以发扬光大，又能根据时代需要加以必要转换，无论是此时的发扬光大还是必要转换本身都是继承的重要内容，其根本目的是突显和平与发展的时代主题，为了适应经济全球化、倡导政治多极化和尊重文明多样性的发展趋势，而自觉地对中华民族传统文化中继承过来的精华部分在内容、形式和作用上都进行现代性与时代性并重的转换。这既是中华民族传统文化能否在新时期里获得生机的关键，也是通过思想政治教育加强全体社会成员文化认同的重要环节。事实上，优秀传统文化是中华民族文化的根。因此，我们要通过加强与改进思想政治教育，引导广大人民群众充分尊重和珍惜自己民族的优秀传统文化。因为，历史与现实已经不断证明，一个不重视自己传统文化的、鄙视自己传统文化的、甚至是阉割自己传统文化的民族是不会，也不可能走向和最终现代化的。为此，我们要通过加强与改进思想政治教育，通过继承和发扬优秀的民族文化传统，大力繁荣社会主义的教育、科学、文化事业，这是建设社会主义精神文明的迫切要求，也是保证中华民族振兴和发展，保证整个社会主义现代化事业取得成功的根本大计。正是在这个意义上，我们认为，要实现中国的社会主义现代化和中华民族的伟大复兴，就必须高度重视文化认同问题，要高举中国特色社会主义的伟大旗帜，积极培育中华民族精神，大力弘扬中华民族精神，进一步改进与加强新时期青少年思想道德建设、职业道德建设、家庭美德建设、个人品德建设等各领域的公民道德建设，从而不断增强全体社会成员对中华民族传统文化的认同。换言之，新时期我们在加强与改进思想政治教育过程中，要努力创造出一种既建立在中华民族传统优秀文化的价值基础上，又密切联系时代特征和当代中国社会发展中出现的重大问题，并能为当代中国人所乐于接受，且具有强大感召力与凝聚力的具有中国特色的价值体系，从而形成了一种新的富中国特色社会主义时代特征的文化。因为，一个民族只有在努力发展经济的同时，保持和发展自己的民族特色，才能真正自立于世界民族之林。我们能不能继承和发扬中华民族的优秀传统文化，吸收世界各国的优秀文化成果，建设中国特色社会主义的文化，这是事关中华民族振兴的大问题，事关建设中国特色社会主义事业取得全面胜利的大问题。

（三）思想政治教育的文化认同创新价值

建构全球化时代背景下的当代中国的文化认同必须借助于对中华民族优秀传统文化传承，必须借助于以社会主义核心价值体系为主要内容的当代中国先进文化建设，必须借助于当代中国先进文化与西方文化的有效整合与良性互动。除此之外，更为重要的是但中华民族文化要想真正屹立于世界文化之林，还必须在继承中华民族优秀传统文化的基础上，在借鉴西方资本主义创造物质文明、精神文明和政治文明成果的过程中，在对传统、当代与西方的有效整合和有机融合时进行创新。事实上，"我们讲继承、借鉴，目的是通过继承和借鉴，使民族传统文化、外来文化的精华，同我们党领导人民在长期革命和建设中形成的优良传统和革命精神有机结合在一起，并在新的实践基础上不断创新，建设和发展中国特色社会主义文化"。而要实现这一文化认同过程的创新，就必然要加强与改进思想政治教育。

因为，通过思想政治教育能够最大限度地调动广大人民群众的主观能动性和最大限度地发掘人的内在潜能。思想政治教育在倡导在充分尊重人的兴趣爱好和积极发挥人的潜能的基础上，增强人的自主性、选择性和创造性。人的这种自主性、选择性和创造性被充分调动与发挥同时，也是人的创新意识、创新精神与创新能力不断提高的过程。创新，尤其是在对传统、当代与西方的有效整合和有机融合时的创新是必然是一个艰辛过程，必然要面临的诸多挑战，必然充满诸多矛盾，这在客观上需要通过思想政治教育来化解，需要通过加强与改进思想政治教育来提供强大的精神动力，将创新性在文化认同的更深层次上和更为广泛的领域中发挥出来，并对文化认同过程中各种创新活动所产生或面对的各种矛盾进行科学、合理与有效地解决。

当代国际社会，全球化所导致的文化竞争日益加剧，这就使得创新意识、创新精神与创新能力日益成为一个国家或民族能否在这场竞争中掌握主动权的关键环节。经济全球化趋势的日益强劲使百年历史进程中一直没有真正解决的文化认同问题再次引起世人的关注，解构中国传统文化，建设当代国先进文化，借鉴西方文明成果，是当代中国实现文化认同的主要内容。为此，我们要在全球化语境下更加重视社会主义精神文明建设，更加重视思想政治教育工作，以一种开放的、主动的、平等的姿态，以相互尊重、相互理解、相互包容的心态，通过对思想政治教育内容的优化、方法的改进、模式的创新，实现对中华民族传统文化和其他民族文化的优秀成份的继承和整合，并且在科学理论指导下进行大胆创新，建构具中国特色社会主义文化体系与价值目标。展望未来，对和谐的文化认同对当代中国和当代中国人来说都是十分重要和必要的。因此，我们要充分发挥思想政治教育的功能，充分彰显凝民心、聚民力、汇民智、讲民情的社会主义核心价值体系的价值，不断增强广大人民群众的文化认同感和强烈的社会归属感。总之，要通过加强与改进思想政治教育，在增强全体社会成员文化认同的基础上，不断培养与提高其创新意识、创新精神和创新能力，从而更好地树立马克思主义的世界观、人生观、价值观，从而形成强大凝聚力和巨大亲和力以统领与整合多元化思潮，协调与整个多种利益诉求，规范与校正多种价值观念，以实现当代中国经济社会的稳定有序与和谐发展。

第三节 高校政治思想教育社会化分析

高校思想政治教育是大学生政治社会化的主渠道，政治社会化就是一个政治共同体内部传播政治文化的过程，在高校主要通过思想政治教育向学生传播主流文化，为大学生提供政治信息、传授政治知识，从而为大学生政治社会化奠定基础；高校思想政治教育已成为当今大学生政治社会化的主要手段，高校思想政治教育课对大学生政治社会化具有导向、育人、开发和保证功能，在政治社会化的发展中发挥了其内在机制的功能；思想政治教育的价值实现又是通过政治社会化的程度表现出来的。最后，两者都具有明确的政治目的性，即都是一种有组织、有计划的自觉实践活动。政治社会化反映了统治阶级发展的本质要求和统治阶级的根本利益，具有明确的政治理论基础。而思想政治教育也体现了这一功能，思想政治教育是以社会主义意识为主导的意识形态教育，具有鲜明的阶级性。大学生政治社会化与思想政治教育的不同之处。作为中国表达术语的思想政治教育，并不完全包含政治社会化的内容。在我国，思想政治教育是在意识形态主导下有组织、有目的、有计划的教育，而政治社会化既有通过政府、党团组织也包括社会自发运行、有社会成员自己组织的非正式活动。

一、当代大学生政治社会化与高校思想政治教育的关系

思想政治教育和政治社会化从字面上理解两者之间是存在着紧密的联系的，但是两者之间在内容上还存在着一定的差异，并不是所有的思想政治教育都是政治社会化，二者不能等同，其政治目的是使公民能够塑造正确的政治观，而在这一时期的思想政治教育则是作为一种传递方式。

（一）思想政治教育与政治社会化的比较

对两者在内涵上面进行比较，思想政治教育就是一定的思想理论知识对被接受者进行有目的地培养，要使其符合具有政治观念的社会要求，准确地说，思想政治教育是政治社会化的表现形式和传播途径，具有理论基础，但其目标是一致的。从教育方式及内容方面对两者进行比较，思想政治教育受传统教育模式的影响，局限于课堂的理论知识讲解，政治社会化除了以上的途径之外，还可以通过其他渠道获取信息对自我进行教育，因此可以看到思

想政治教育是将结果放在第一位的，政治社会化将过程看得比较重要，但是针对性相对来说不强。

（二）高校思想政治教育与当代大学生政治社会化的内在关系

1.大学生政治社会化对高校思想政治教育的影响

政治和社会的需求是思想政治教育实施的前提，随着政治形势的不断调整和社会经济的快速发展，我国的政治社会化的需要得到了进一步的发展，所以需要用一系列的政治理论来帮助我们建立一个正确的方式来满足社会主义核心价值观的树立和政治社会化的需要，是实现思想政治教育目标。高校思想政治教育有两个主体，分别是思想政治教育的实施者和接受者，两者之间的政治思想有明显差距，但两者都是政治社会化的一部分。根据对大学生政治社会化的需要，思想政治教育必须提高自身的政治人格，通过不断的努力和完善，提高他们的政治地位，从而使接受者实现政治社会化。在把政治文化转化为接受者的过程中，高校思想政治教育的接受者将受到社会政治的影响，对实施者传递的内容进行更加具体化的了解，从而形成自己的政治观念和立场。

2.高校思想政治教育对大学生政治化的影响

思想政治教育作为一种社会实践，在促进大学生政治观的发展中起着非常重要的作用。政治社会化要求每一个成员都必须具备一定的政治素质，才能通过提高政治觉悟成为合格的政治人物。大学生作为社会的一个特殊群体，其政治综合素质已经不能适应政治社会化的要求，但他们可以通过不断的努力和提升来实现这一目标。高校思想政治教育能达到这样的效果，是提高大学生政治素质的一个很好的基础，通过一定的方式来充分调动学生的学习积极性，深入了解和政治文化研究，从而使学生明确自己的政治目标，更贴近大学生的政治社会化。由此看来，大学生政治社会化的进程是需要思想政治教育加以辅助的。思想政治教育并不是无目的将一些理论知识传授给学生，而是作为一种教育思想、政治思想，通过一定的方式对学生的学习是有潜移默化的作用，使学生产生认同和积极参与政治社会的过程，在这一过程中，高校思想政治教育在当代大学生政治社会化中起着主导作用。

二、促进当代大学生政治社会化的对策

（一）深入改革和完善高校思想政治教育体系

高校思想政治教育与大学生政治社会化的关系是呈现着正比的方向发展

的。随着改革开放，我国社会主义市场经济发展迅速，但我国的政治文化受到冲击，出现了一系列不良社会现象，如腐败等，因此大学生在进行政治社会化的过程是非常消极的，对大学生的政治认知和信仰形成了部分混乱的状态。受我国传统教育的影响，高校思想政治教育仍停留在理论知识的说教上，使学生不能发挥自己的见解，导致厌倦。从这里我们可以看到，高校思想政治教育过于传统，不能与时俱进，这对大学生政治社会化的发展极为不利。思想政治教育制度的改革势在必行。

由于信息时代的发展，我国高校思想政治教育是相对简单和枯燥，许多社会问题的存在对政治变革实施中的思想政治教育有不利的影响，对大学生的政治思想的接受也是不利的，所以我们应该与时俱进，做出相应的调整，并利用创新模式，使大学生积极参与政治社会化的过程。当代大学生作为祖国的接班人，肩负着巨大的政治责任，因此大学生在政治社会化过程中，必须具备一定的政治素质和心理素质，才可以不断提升政治能力做一个合格的政治人。但是在当代大学生中存在着一种现象，大多数为独生子女，抗压能力普遍比较差，所以对其政治心理素质的建设中有非常不利的影响。对此高校思想政治的教育实施者应对我国的发展历史进行详细的介绍，将其精神传递给接受者，对大学生的心理素质建设有鼓励作用。对当代大学生的创造思维和创新能力进行构建和培养，摒弃传统的教育模式，激发学生独立思考的能力，建立自己的政治思想。

（二）实现高校思想政治教育转型

首先，根据校园文化的特点，将大学生政治社会化的思想政治教育模式由传统灌输向渗透型转变，在政治社会化过程中，我们对政治社会化的推动方式的认识是比较单一的，开展的渠道也少之又少，忽视了非思想政治教育活动对大学生政治思想建设的影响，因此，在大学生思想政治教育应对相应背景和特点进行理解，使开展大学生思想政治教育更具有针对性，根据学生的兴趣进行一系列的思想政治教育活动，使学生积极参与，在实践的过程中来提升政治社会化实践能力。其次，整合了学校及校外的政治资源，由学校主管向内外配合型转变。当前，大学生思想政治教育是实现大学生政治社会化的主要途径，家庭和社会对大学生政治社会化不负任何责任，因此，高校应联合家庭等这些外部条件对其资源进行整合，这样才能将思想政治教育的潜能激发出来，对大学生政治社会化的进程有很好的推动作用。再次提高大学生的实践能力，从政治理论到政治实践，对大学生进行思想政治教育，要求实施者减少对课本理论知识的依赖，可以运用多媒体以及案例的形式，对大学生进行讲解，使其能够投入到政治思想的学习中，为大学生提供一系列的实践活动，在活动的同时增强自身的政治理念，提高政治参与能力。最后，由陈旧型转变为信息型，课堂上枯燥的理论知识的讲解会使大学生对思想政治教育产生厌倦的心理，政治社会化的效果就会有所降低，借助网络平台，对大学生进行思想政治教育是目前来说比较有效的一种方式，迎合了大学生的兴趣的同时，还可以学到所需要的相关知识。

大学生要想成为一名合格的政治人，就要通过最初对政治文化的被动接收到对政治文化的主动接受，最终积极参与到政治社会化的进程中来。思想政治教育与大学生政治社会化的关系是紧密相连的，所以大学应该与时俱进，创新思想来面对政治教育的改革。使学生积极主动地参与政治社会化的进程，对中国的政治文化的可持续发展具有重要意义。

第五章 高校思想政治教育创新与实践

高校大学生是十分宝贵的人才资源，是民族的希望，是祖国的未来，是我国社会一个十分特殊而重要的群体。大学生的构成发生了很大变化，90后的大学生已成为大学生的主体，独生子女已占到大学生的半数以上，他们具有不同于以往大学生的新的特点；还因为大学生来自全国不同的地区和家庭，代表着依靠后天的努力和平等竞争的机制，实现正常社会流动的趋势，他们承载着家庭的希望，同时也促进了教育的公平和社会的和谐；大学生的思想政治素质和综合素质如何，直接影响到国家的核心竞争力，影响到祖国和民族的前途和命运。

加强和改进大学生思想政治教育，切实增强大学生思想政治教育的实效性，最重要的是全面贯彻落实党的教育方针，紧密结合全面建设小康社会的实际，以理想信念教育为核心，以爱国主义教育为重点，以思想道德建设为基础，以大学生的全面发展为目标，坚持以人为本，贴近实际、贴近生活、贴近学生，努力提高思想政治教育工作的针对性、实效性和吸引力、感染力。

第一节 高校思想政治教育方法的创新

要做好大学生思想政治教育工作，不仅要遵循客观规律、遵循正确的方针和原则，深谙原理，还必须掌握和运用科学的方法。方法得当，就会事半功倍；方法不当，就会事倍功半。大学生思想政治教育方法是多种多样的，并随着实践的发展而不断丰富发展。把握和运用好大学生思想政治教育的方法，是对大学生思想政治教育者的基本要求之一。

一、思想政治教育方法创新的原则

思想政治教育方法，就是为了实现教育目标、传递教育内容，教育者对受教育者所采取的思想方法和工作方法。毛泽东曾经形象地说明了其重要性："我们不但要提出任务，而且要解决完成任务的方法问题：我们的任务是过河，但是没有桥或没有船就不能过。不解决桥或船的问题，过河就是一句空话。不解决方法问题，任务也只是瞎说一顿。"因此，科学的方法是保证思想政治教育有效性的关键。

我们过去的思想政治教育在推进人的发展上所运用的方法，主要通过集体教育、单向灌输、上课讨论等形式，方法比较单一，人的发展也不够全面、自由和充分，这就需要不断探索思想政治工作的新方法，把说理的、情感的、学习的、娱乐的、启迪的、熏陶的、家庭的、社会的、组织的、自我的、思考的、实践的等各种方法综合运用，融为一体，促进思想政治教育方法的创新，在创新的过程中，要始终坚持以下原则：

（一）科学性原则和疏导原则

进入 21 世纪，传统的以灌输为主的思想政治教育方法，越来越不符合社会发展的要求，也越来越难以被教育对象所接受。因此，在当前的思想教育方法实践中，哪些方法应该弘扬，哪些方法应该舍弃，哪些方法应该发展创新，其判断的标准在于它是否符合科学性的原则。思想政治教育的科学方法就是以马列主义、毛泽东思想和邓小平理论中的立场、观点和方法为指导，对不断变化和发展的新情况、新问题进行研究和总结，坚持真理，修正错误，适时地变更自己的活动方式，逐渐形成一套适合于思想政治教育的基本原则和方法，同时，它能够及时地吸收自然科学、社会科学和思维科学研究中不断涌现出来的新理论和新方法。如反馈方法、信息方法、控制论方法、系统论方法、协同论方法、耗散结构方法等，使思想政治教育方法逐步改变过去那种侧重于经验描述，忽视科学分析的落后状态。

疏导原则的基本含义就是要广开言路，让人们各抒己见、畅所欲言，并在此基础上、通过循循善诱的说服教育，帮助人们坚持真理、修正错误，把人们的思想引导到积极、健康、正确的方向上来。贯彻疏导原则，一是要积极疏通，变单向灌输为双向交流，鼓励人们充分发表自己的观点和看法，倾听群众的呼声和意见，使思想政治教育过程成为教育者受教育者双向交流、互帮互学的过程；二是要善于引导，变硬性注入为启发诱导，讲清道理，但不代替做出结论；指明路途，但不可强行牵着走。着力启发和引导人们运用科学的理论和方法去观察问题、分析问题、通过自身的积极思考和亲身体验，做出正确的结论和抉择。疏通和引导的关系是密切联系、不可分割的关系。可以说，疏通和引导属于同时解决问题的前提，是引导的必要准备，引导是疏通的必然继续，是疏通的目的所在。如果不坚持疏通原则，教育兑现的错误思想就具有隐蔽性，问题没有暴露出来，正确与错误的针线不清，引导就没有根据。相反，如果没有引导，教育对象显示出来的思想和观点任其发展，错误的思想观点得不到纠正，就会泛滥开来，不好收拾；正确的思想观点得不到支持和鼓励，缺少外部的促进作用而不能带动更多的人向着正确的方向发展。因此，在思想政治教育实践中，必须坚持疏导的原则。

（二）自我教育原则

自我教育原则就是通过反省、反思、自我思想改造等自我修养途径，提高思想道德水平、理性思考水平；通过自我约束、自我控制和自我管理途径，增强滋生把握正确方向的能力。我国著名教育家叶圣陶曾说过："教育的目的就是为了不教育"，这里的"不教育"可以理解为自我教育。自我教育是衡量教育是否有效的一个标志，又是思想政治教育最终落实的归宿。

开展自我教育，一是要把个体自我教育与集体自我教育紧密结合起来，在激发和引导受教育者自觉开展个体自我教育的同时，着力组织和指导受教育者的集体自我教育，提高全体成员的思想道德素质；二是要把自我教育与接受教育紧密结合起来，切实加强对自我教育的激励和引导。要引导受教育者确立高尚的人生理想，以激发起自我教育的愿望；要引导受教育者了解社会思想品德规范的要求，使其掌握自我修养的标准；要知道受教育者通过学习和实践，提高自我教育的能力，使其能够始终自觉按照社会要求严格规范自己。

今天，自我教育之所以重要，与人们的主体性的加强很有关系。社会处于开放的状态，人们选择性加大了，社会的规范性增强了，这些都对人的主体性的增强提供了条件，对自教自律提出了更高的要求。

（三）针对性和实效性原则

思想政治教育的方法创新，要坚持针对性和实效性原则，针对性，就是使思想政治教育方法因人制宜，因时制宜，因地制宜，因事制宜，一把钥匙开一把锁，不搞一刀切。针对具体人的具体思想实际，采取不同的思想政治教育方法；实效性，就是即时效果或有用性。加强针对性是为了增加实效性，只有加强针对性，才能切实改变受教育者思想状况，提高其思想觉悟水平，收到思想政治教育的实效。是否具有实效性是检验思想政治教育方法成功与否的根本标准，没有实效性或实效性差的思想政治教育方法，无论如何也算不上是成功的思想政治教育方法。

思想政治教育的实效性原则，主要指方法的可操作性，在实践中的可行性，产生良好结果的可靠性。实效性要求思想政治教育者具有高度的责任感，在实施教育的过程中不断根据实际效果，坚持运用已经被实践证明是正确的方法，纠正或修正在实践中被证明是错误的方法，以达到最终的教育目的。这正如毛泽东同志所说："一个人做事只凭动机，不问效果，等于一个医生只顾开药方，病人吃死了多少它是不管的。"

总之，坚持实效性原则，选择正确的方法，争取最佳效果，是提高思想政治教育质量的必然选择。

（四）民主与平等原则

随着社会主义市场经济的建立，人们的自立、自强、自爱、自重等意识不断增强，平等竞争、独立思考等意识也不断得到强化。而且，大众传播媒介日益发达，人们获取的信息量越来越大，社会参与的机会也越来越多。因此，思想政治教育决不能采取"强迫式"或"硬灌式"的方法。实践证明，用这种方法强制人们接受思想政治教育，其结果只能流于形式，根本不可能解决人的思想问题，甚至会导致教育对象极大的逆反心理。因此，在未来的思想政治教育方法实践中，必须更多地采取启发、示范等疏导的方式，使教育者和受教育者能在平等的基础上，进行交流、增进了解，达到以情感人、以理服人的目的。离开了民主性原则，教育者和受教育者就很难架起相互信任的桥梁，教育者更难以深入了解、分析教育对象的思想，进而帮助他们逐步接受正确的思想观点，消除错误的思想认识。可见，民主性原则，是思想政治教育方法结果的要求。

充分发挥人民群众在思想政治教育中的主体作用，以民主精神、民主作风和民主方法开展思想政治教育。坚持民主原则，一是要尊重教育对象，尊重他们的情感、人格和合法权益，尊重他们的主体地位，尊重他们的兴趣和爱好，积极营造民主和谐的教育氛围。在教育、教学中把学生看作是有思想、有感情的活生生主体，而不是一个知识的容器，不把自己的要求强加给学生，对学生进行正确评价，及时表扬和鼓励，信任学生，激发学生的求知欲望和浓厚的学习兴趣。增强学生的自信心，鼓励他们克服困难，发展个性，实现由"要我学"向"我要学"的转变，为学生发展智力、提高能力奠定良好的基础。反之，如果师生之间情感格格不入，彼此厌烦，则会使学生灰心丧气，抑制学生个性的发展。没有个性就没有创造性；二是要平等待人，克服居高临下、以势压人、单向说教的教育方法，要加强教育者和受教育者双方的交流和互动，主动与受教育者交换意见、互相启发、互相帮助、共同进步。在日常生活中，要充分尊重和保障受教育者的工作权利、学习权利和政治上的民主权利，如选举权、被选举权、批评权、申辩权等，引导个性生动活泼地自由地发展。只有这样，才能创造出民主协调的气氛，教育者与受教育者才能消除心理差距，站在同一起跑线上。

（五）方向性和与时俱进原则

思想政治教育方法坚持方向性，就是坚持社会主义方向，坚持共产主义的远大理想和目标。我国现阶段，坚持方向性就是坚持"三向四有"新人原则。没有方向性的坚持，思想政治教育的方法创新就会迷失方向，偏离目标，导致整体上的失败。但是坚持方向性不是僵死地固守现有的条条框框，而应与时俱进，同不断发展的社会实践紧密结合。方向性和与时俱进是紧密结合融为一体的，方向性是与时俱进的方向性，而与时俱进则是在坚持方向前提下的与时俱进。

二、思想政治教育方法创新的基本途径

思想政治教育能否取得成效，关键是方法问题。方法得当，事半功倍；方法欠当，事倍功半，甚至劳而无功。新时期的思想政治教育工作必须改变传统的"一支笔，一张嘴"的单一模式，克服那种只讲大道理的传声筒式的教育方法，必须不断适应社会发展的新形势，抛弃不合时宜，不切实际的做法，努力实现思想政治教育从单一的、传统的方法向多样化的、现代化的方法转变，以求得思想政治教育的最佳效果。

（一）传承和改革传统思想政治教育方法，使其适应时代要求

在历史发展过程中，传统思想政治教育形成了一整套思想政治教育方法，如理论教育法（灌输法）、实践锻炼法、典型教育法（榜样教育法）、自我教育法、形象教育法等。这些方法曾经发挥过巨大作用，有些方法至今仍具有强大的生命力。但是如果把传统思想政治教育方法简单地套用到当代思想政治教育实践中去，却不会受到人们的欢迎。因此，必须赋予其生机和活力，使其适应时代要求。例如，传统思想政治教育方法的灌输方法，在思想政治教育中就受到了怀疑。有人认为今天我国情况已发生巨变，人民特别是青年的文化知识水平有了较大提高，他们有相当的时间、精力、能力从事理论研究和概括工作，灌输无论在时间上还是空间上都已过时，应以"独立思考""自我教育"来取代；也有人认为灌输是指向文化低的工人、农民的，对有较高文化的现代青年不宜再用灌输方法，而应以其他方法来代替。这些认识不无道理，但却是片面的。当然，灌输方法确实存在强灌硬输、教条化、命令式、满堂灌的弊端，因此必须对传统灌输方法全面创新。

具体说来，应从以下方面进行创新：一是转变灌输理念。改变传统思

想政治教育中的教育者为中心的观念，而代之以受教育者为主体的观念，变单向灌输为双向互动式灌输，变强硬命令式灌输为疏导启发式灌输；二是更新灌输内容。要灌输马克思列宁主义、毛泽东思想的基本原理，更要灌输创新的理论内容。灌输的内容应该与时俱进，富有时代特色和现实感召力，能够解决人们的思想和现实中出现的重大问题；三是创新灌输手段。不仅通过传统的思想政治教育途径来灌输，更要大力提高灌输手段的现代化水平和信息化程度，充分利用报刊、广播、电视网络等现代化传媒手段，形成多层次全方位的灌输网络系统。马克思曾说过："理论只要彻底，就能说服人"，只要灌输的理论是彻底地代表了时代前进方向的正确理论，就一定能收到好的效果。

此外，典型教育法，榜样的力量是巨大的，雷锋、焦裕禄的形象曾激励了一代又一代人。传统思想政治教育非常重视树立先进典型的方法，几乎每一个时代都有典型人物。均收到了良好的教育效果。在当代社会，应该运用与时俱进的目光，重新树立典型的标准。雷锋精神固然有其永恒的意义，但从当代人的眼光看，却是感到有些乏味。在建设有中国特色的社会主义事业中，在中华民族的伟大复兴的进程中，我们应该从"三个代表"的高度，特别是从代表先进生产力的高度来树立典型，这样的典型才更有时代特色，更能深入人心。那些在中国特色社会主义建设事业中为国家富强和人民富裕做出了巨大贡献的人是值得敬佩的，是具有感召力的。典型应该富有人情味和符合人性，典型不应该不食人间烟火，脱离广大人民群众的思想实际，要让人们看到，典型人物就生活在自己的身边，每个人都可以有能力学习典型。典型应具有永恒的意义，除了树立那些具有共产主义远大理想的人物，还应多宣传那些身处逆境仍自强不息、顽强进取的人物，那些表现了人类精神之光辉的典型人物。在新的时期，我们要把典型教育法赋予时代特征，使其符合时代要求，以期达到思想政治教育的最佳效果。

（二）吸收借鉴相关学科及外国的先进方法。加以整合后为我所用

思想政治教育是一门跨学科多领域的边缘交叉科学，它必然也应该吸收这些学科领域的方法。例如，思想政治教育吸收心理学的方法，运用心理咨询方法回答人们思想心理中存在的问题，医治心理和思想疾病，可起到很好的思想政治教育作用；思想政治教育吸收法学的制度管理方法，把思想政治教育与制度的规范、激励、约束结合起来。制度问题，关系到党和国家是否改变颜色，必须引起全党的高度重视。在制度基础上解决人们的思想问题，通过健全制度来巩固思想政治教育成果，推进思想政治教育制度化建设，建

立适应时代发展的良性运行机制，使思想政治教育有法可依，有章可循。思想政治教育还应该借鉴和吸收伦理学的品德修养方法，道德教育方法，借鉴吸收行为科学如何激励人的积极性、主动性、创造性的方法，人才学的人才发现和培养方法，教育学的教育方法，现代管理学管理方法等，它们都为思想政治教育方法创新提供了源泉。思想政治教育要把这些学科领域的方法整合创新为思想政治教育的方法，以达到思想政治教育方法的优化。

思想政治教育还应吸收国外先进的思想政治教育方法，美国的麦道航空公司把中国的思想政治工作和日本的思想管理融为一体，设立了"思想工作部"，进行心理咨询工作，起到了很好的作用；日本也学习了中国的思想政治教育和中国的儒家思想，再加上日本的拼搏精神，构成了日本式的企业思想管理；美国、西欧主要利用榜样的作用，优秀文学作品和名人故事的影响作用，良好的师表作用教育人们；日本的校园文化建设，企业文化建设更是独具特色，这些方法，值得我们学习和借鉴。

（三）充分利用高科技手段推动思想政治教育方法科学化、现代化、最优化

科学技术的高速发展，使思想政治教育面临新的时代课题，我国电视已普及到千家万户；网络也日益成为人们信息交流的重要渠道；广播、报刊等媒体的作用也不容忽视。要借鉴网络实现思想政治教育方法创新，必须致力于以下几点：

第一，更新观念，充分认识网络，以开放的心态正视互联网带来的挑战，努力掌握网络知识；

第二，利用网络，把握受教育者的思想脉络及其规律；

第三，运用网络，构建具有鲜明马克思主义观点的思想政治教育网站系统，大力开发思想政治教育软件，使之成为思想政治教育的重要渠道；

第四，利用网络多媒体技术，使思想政治教育内容化抽象为具体，化枯燥为有趣，化不解为理解。应该认识到，网络时代给思想政治教育提出了更高的要求。

思想政治教育工作者必须努力掌握高科技技术，充分利用高科技技术，才能更好地完成思想政治教育任务。必须高度重视、充分研究、迅速占领和利用网络这一阵地和手段，开展网上讨论、网上问答、网上授课、网上谈心，开发生产思想政治教育理论软件，使网络成为思想政治教育的主阵地。另外，要加强网络法规、网络道德、网络文化的研究和建设，有效防范和打击网络犯罪，努力营造一个保证网络顺利、安全运行的优良环境。电视作为一种主

要的大众传媒，不可忽视，我国大部分人要通过电视接收信息，要多生产和播出具有教育意义，能激发人们对人生对社会热情的电视剧，用优秀的作品鼓舞人；创办一些理论水平高，教育效果好，老百姓喜闻乐见的专题片和访谈对话节目，如中央电视台的《焦点访谈》《实话实说》等，对人们进行教育；另外，一些公益广告要提高质量，加大力度；一些商业广告，也可以具有思想政治教育的效果，如"雕牌洗衣粉"广告中的"妈妈，我能帮您干活了"，就不仅是一种广告艺术，还具有普遍的教育意义。

（四）努力构建社会主义思想政治教育宏大系统工程

思想政治教育是一项系统工程，如果按其所涉及的社会范围和社会途径来划分，则包括家庭教育、学校教育和社会教育，三者构成了思想政治教育的一个复杂的综合系统。家庭是社会的细胞，是个人出生后的第一所学校，是个人成长的摇篮。家庭教育对人的成长至关重要。"孟母三迁""岳母刺字"的故事生动地说明了家庭教育的重要作用；《三字经》中"养不教，父之过，苟不教，性乃迁"也说明家庭教育的重要意义；现代大量统计数字表明，青少年犯罪往往与家庭的严重缺陷密切相关。当代中国社会中，家庭组织发生了变化，青少年独生子女增多。家长对子女往往过分溺爱，不利于他们健康成长；现代家庭的稳定性大大削弱，非正常家庭增多，也对青少年成长产生了不利影响。思想政治教育应高度重视这些变化，开办家长学校，进行家长教育培训，提高家长素质，以最大限度地消除不利因素，促进青少年健康成长。学校教育是人们青少年时期在成长的主要阶段中影响最大的因素之一，学校是有目的、有计划、有组织地向受教育者传播社会规范、道德观念、价值观念以及各种知识技能的场所。在这里受教育者要掌握一定的知识技能，掌握谋生的基本本领，也要塑造完美的人格，锻炼健全的体魄，为进入社会做精神上的准备。因此，学校教育是思想政治教育的重要渠道之一，但是，现在学校思想政治教育存在弱化的趋势，一方面学校本身对思想政治教育不够重视，只重升学率，重智育轻德育；另一方面，学校也不是净土，它与社会的围墙几乎不存在了，社会丑恶现象对学生影响越来越大。思想政治教育必须认真反思，重视学校思想政治教育，要加强思想政治教育的针对性和有效性，创新学校思想政治教育的形式，提高学校思想政治教育工作者的理论修养和实践能力，提高学校思想政治教育效果。

人归根结底在社会中生活，社会教育是家庭学校以外的教育，是人们通过单位教育、社会风气、社会舆论、社会活动等所接受的教育，这是一种最广阔的教育途径。随着信息时代、知识经济的来临，人们社会生活交往的范围进一步扩大，人们的社会联系社会交往更加广泛，社会教育的影响有超过家庭和学校教育的趋势。我们必须高度重视这一趋势，利用各种传媒和载体，如大众传播载体、互联网载体、心理咨询、管理载体，传播正确的舆论，引导良好的社会风尚，组织丰富多彩、形式活泼、健康有益的社会活动，提高思想政治教育效果。要特别注重加强群众性的精神文明创建活动和各种文化建设如企业文化建设、机关文化建设和社区文化建设，寓思想政治教育于文明创建活动和文化建设活动之中，使人民群众在潜移默化中接受教育，促进社会风气的好转。

总之，家庭教育、学校教育和社会教育是相互联系的，相辅相成的。家庭教育是思想政治教育的起点和基础，学校教育是思想政治教育的主阵地，社会教育是家庭教育和学校教育的延展和补充，它反过来又影响和制约家庭教育和学校教育。只有把家庭教育、学校教育和社会教育互相结合起来，齐抓共管，使整个社会的思想政治教育形成一个宏大系统工程，密切结合，互相促进，才能取得思想政治教育的最佳效果。

第二节 高校思想政治教育机制的创新

思想政治教育机制是指思想政治教育运行过程中各构成要素由于某种机理形成的因果联系和运转方式。它要研究思想政治教育过程中思想政治教育现象的各个侧面和层次的整体性的功能及其规律，包括其运行所依据的原理和原则，运行过程的状况即运行中各个部分之间的相互作用以及和思想政治教育系统之外的其他系统之间的相互作用等。思想政治教育机制的主要含义是：第一，它是思想政治教育各构成要素的总和；第二，它的功能是各相关因素功能的耦合，其功能的发挥依赖于各构成要素之间的相互衔接、协调运转，依赖于各类要素功能的健全；第三，它是一个按一定方式有规律地运行着的动态过程。不言而喻，把思想政治教育机制引入思想政治教育学的研究，是为了揭示和再现思想政治教育复杂、生动的过程。因此，它的立论重点并不在于一般地分析思想政治教育系统，而是力图通过对思想政治教育系统动态运行过程的考察，对多因素、多变量的思想政治教育运动做一种整体的、动态的刻画，从而达到实现思想政治教育运行的最优化控制的目的。要加深对思想政治教育机制科学内涵的理解，还必须从机制自身的特点上来认识。

一、高校大学生思想政治教育机制存在的主要问题

（一）大学生思想政治教育的目标和规划机制构建落实不到位

由于大学生思想政治教育向来被看作一项软约束的工作，高校领导和思想政治教育工作部门普遍感觉很难制订有效的目标和规划，导致工作计划性较弱。如学校的工作规划和年度工作要点中与大学生思想政治教育相关的内容往往都是务虚的。同时，随着学校分管领导或部门领导的变更，大学生思想政治教育的重点差异性非常大。因此，大学生思想政治教育目标和规划务虚导致院系和基层辅导员在开展工作的过程中缺乏明晰的目标概念和阶段概念，不利于大学生思想政治教育实效性的提高。

（二）大学生思想政治教育管理机制有待完善

中共中央、国务院《关于进一步加强和改进大学生思想政治教育的意见》强调指出，要建立健全党委统一领导、党政群齐抓共管、有关部门各负其责、全社会大力支持的领导体制和工作机制，形成全党全社会共同关心支持大学生思想政治教育的强大合力。仅就高校内部而言，近年来，随着我国高等教育事业的快速发展，高校的工作环境、工作内容、工作方式等都发生了深刻的变化，高校各级党政组织和群团组织都负责学生的思想政治工作，但是高校内部机构设置繁多、分工细致，各个实施机构只做自己分内的事，机构之间缺乏沟通和协作，即使做了工作，往往也只是注重形式、轻视效果。大多以开研讨会、听讲座形式代替实际行动。尤其是学校规模不断扩大，在校学生越来越多，大多数学校存在重视整体教育而忽视个体教育的现象。这些现象都使得大学生思想政治教育达不到预期的效果，制约着大学生思想政治教育的实效性。

（三）大学生思想政治教育沟通机制不够畅通

加强和改进大学生思想政治教育是一项重大而紧迫的战略任务，要努力拓展新形势下大学生思想政治教育的有效途径。拓展沟通渠道、加强沟通与交流是大学生思想政治教育取得实效性的一个关键环节。大学生思想政治教育的沟通机制至少应包含思想政治教育主体与客体之间、主体与主体之间、客体与客体之间三个方面的内容。实际上有些大学生不仅和家长缺少沟通，在学校，大学生与辅导员、大学生之间，学校与家长之间都缺乏及时、有效的沟通，使得大学生思想政治教育无法深入到学生的心里，不能实现预期的教育目的。

（四）大学生思想政治教育保障机制不够健全

思想政治教育保障机制，是指保证思想政治教育活动得以正常、有序进行的必要的内外部条件，也称为思想政治教育"安全阀"。首先，由于缺乏物质和经费的保障，迫使大学生思想政治理论课教学仍主要采用说教的方式，在教育教学方式、方法上缺少创新，在思想政治教育理论的研究上跟不上时代的发展。在队伍保障方面，大学生思想政治教育人员配备不足，仅就高校辅导员队伍建设而言，有的高校辅导员与学生的比例是 1：800，辅导员忙于应对各种日常琐事，不能深入细致地分析大学生的实际思想状况，当然也就无法有针对性地开展好大学生的思想政治教育。

（五）大学生思想政治教育过程控制机制和质量评估机制不成熟

思想政治教育机制的另一个问题是过程控制机制和质量评估机制还不成熟。其一，大多高校主要采取用量化考核等硬性要求对学生进行评定，而不结合学生的思想实际对其做出科学的评价；其二，学校的评价人员往往是学校的领导、老师。忽略了对学生知之甚详的同学的评价；其三，评价大多重视课内知识的评价，忽视学生个人综合能力的评价；其四，评价方式过于陈旧、缺乏前瞻性，并且大多都是走形式，很难达到理想的效果。近年来，随着国家对高等教育质量的重视，大学生思想政治教育的考评也逐渐从工作任务的考评向质量评估转变，部分高校已在开始探索建立思想政治教育质量评估的指标体系。从过程控制来看，如果将高校思想政治教育工作划分为教育类工作和事务类工作，目前的过程控制机制能够保证事务类工作得到有效执行，但教育类工作的推进控制得不到很好的保证。从质量评估来说，从工作任务的考评转向全面的思想政治教育质量评估还有很长一段路要走，其关键在于全面质量评估指标体系的构建。

二、高校大学生思想政治教育机制创新的举措

我国高校承担着培养中国特色社会主义建设者和接班人的重任，如何才能把当代大学生培养成为中国特色社会主义事业的合格建设者和可靠接班人，是高校必须认真予以关注、思考和解决的问题。随着对外开放不断扩大、社会主义市场经济的深入发展，大学生的思想政治教育正面临着严峻的挑战，也拥有了前所未有的有利条件。加强高校思想政治教育机制改革是时代赋予的要求。思想政治教育机制的优劣，决定着高校的思想政治教育的育人目标能否实现，思想政治教育的育人作用的发挥程度。

（一）改革思政教育队伍建设机制

目前，网络思想政治教育已经在大学生中广泛开展，对工作队伍的整体素质和能力提出了更高的要求，也面临着更多的新的挑战。在充分尊重互联网环境下主体"去主体化"、客体"趋主体化"的客观规律的前提下，我们应让大学生在网络思想政治教育过程中发挥主体性作用，一是在选拔有一定的网络技术、一批文字功底扎实、政治立场坚定的学生成立网络文化部，在思政老师和政治辅导员的指导下，及时根据时势政策以及网络热议的新闻话题等等，发表正面的有质量的评论文章，营造良好的校园舆论导向，扩大主流价值观的影响阵地。招募一批网络信息监督员，成立网络信息监督小组，针对网络谣言和歪曲言论，进行辟谣和清除工作，净化网络思想政治教育阵地。

（二）完善大学生自我教育机制

大学生自我教育是大学生思想政治教育主体性的内在要求。在学校的期间，学生可以通过高校的思政理论课程和辅导员的引导以及校园文化的熏陶等，保持思想的先进性和纯净性。但一旦毕业离校后，真正地进入社会，他们能否继续保持正确的世界观、价值观和人生观，这就需要较强的自我教育能力。当代大学生在改革开放的新形势下，自身的独立意识较之前要大大提高，我们应该根据该特点，加强教育过程中双主体双向交流，有针对性的提高大学生的自我教育能力。要想让大学生可以在自我意识能力的基础上，根据学校提出的大学生思想政治教育目标，做到自我教育、自我转化，这就要求教育者在制定目标时，根据实际情况把握近期目标和远期目标，使大学生产生应然自我与实然自我之间的矛盾，从而推动大学生的自我教育。在自我教育机制的创新中，要融合内部机制和外部机制的创新。内部机制是指自我教育过程中大学生内部思想矛盾运动和斗争的过程，主要解决的问题是如何激发大学生自我教育的思想矛盾。外部机制是指影响大学生内部思想矛盾运动的外部条件的运作方式，主要围绕内部机制而建立起来的促进大学生思想内部矛盾转化的机制。

（三）突破创新工作保障机制

科学有效的保障机制是确保思想政治教育工作的有效落实的基本条件。学校应该在广义的层面上，结合实际，制定和调整规章制度、计划、方案等来为思想政治教育工作的科学有效的实施提供政策保障。为能够实现有效的、积极互动的思想政治教育塑造一个运行保障机制。学校领导、思政课部专业教师和辅导员都是高校思政队伍的主体力量，而辅导员队伍作为学生工作的日常管理者和思想引导者，其思政功能显得尤为重要。然而当前，辅导员工作定位模糊、职责不明确，收入低，发展少等问题还很明显，这大大制约了辅导员队伍的壮大与发展，部分辅导员将辅导员岗位作为进入高校，调整教师岗位和其他行政岗位的跳板。人员流动大，队伍稳定性差，辅导员队伍的整体水平难以保证。认真领会文件精神，制定严格合理的辅导员选拔和培养体系，对辅导员进行定期的严格的培训，制定切实可行的辅导员考核机制和激励机制，完善辅导员工作评价体系，定期对高校辅导员的思想动态、业务能力、工作业绩和科研成果等进行考核。并将考核结果作为职务聘任、奖惩、津贴、职称级别的重要依据。从以人为本出发，来探索思想政治教育队伍的保障机制创新，为辅导员走上专业化职业化铺好道路。

（四）创新实际教育效果评价机制

建立科学的评价体系是提高大学生思想政治教育工作规范化、科学化水平，提升大学生思想政治教育质量的保证。高校思想政治教育主管部门应针对大学生思想政治教育的规律和特点设计可操作的观测点、预期目标、过程监督、结果评价等环节，形成规范、科学、合理的集体和个人评价指标体系。与此同时，在合理合法的监控制度下，采用切实有效的监控制度对大学生思想政治教育的过程和质量进行监控。畅通信息渠道，做好跟踪反馈，完善追踪管理体系。通过多渠道及时了解、分析和研究学生思想政治教育最新情况，认真观察学生的思想动态，做好预测工作以避免问题的产生。做到尽早发现问题、针对新情况、新问题及时采取措施，抢占大学生思想政治教育的先机。对于已经发生的问题要分析其原因，把握事态的发展方向，将潜在的问题和矛盾挖掘出来，对症下药，及时解决大学生的思想问题，使之能够健康成长，迅速成才，成为能适应现代社会所需要的高素质人才。

第三节 高校思想政治教育载体的创新

高校思想政治教育在新时代背景下进行载体创新是非常必要的。高校进行思想政治教育载体创新，有利于促进高校思想政治教育手段的改进，促进高校思想政治教育功能的更好发挥，促进高校思想政治教育资源的进一步整合。高校需坚持以人为本，不断优化课堂教学载体，结合专业知识，创建多形式社会实践活动载体，加强学生自我管理，强化学生社会活动载体和公寓载体。

一、高校大学生思想政治教育载体改革创新的必要性及其原则

随着改革开放的不断深入，社会情况发生了复杂而深刻的变化。面对新形势、新问题，高校思想政治教育既需要内容和方法的创新，也需要载体的创新。

（一）新形势下高校思想政治教育载体创新的必要性

1.社会信息化给高校思想政治教育载体提出了新挑战

随着信息时代的到来，社会信息化程度日益提高，带来了社会运作方式、观念形态、人们生活方式的一系列变化，也给传统的高校思想政治教育载体提出了新挑战。一是信息传播速度加快，使传统的思想教育载体形式显得滞后、低效而难以适应；二是信息渠道多、覆盖面广，使高校课堂教育中教育者和受教育者在很大程度上处于同一个"信息平台"，因而降低了教育者的权威性和影响力；三是信息网络空间良莠并存，多元文化观念充斥其间。其交互性、虚拟性和隐匿性，给思想政治教育提出了新的课题。

2.教育改革给高校思想政治教育载体创新提出了新要求

近年来，高校开展了以内部管理体制和创新教育为核心的一系列改革与探索。改革中新事物不断出现，传统的思想政治教育，尤其是日常思想政治工作产生了不适应。一是实行学分制改革。无论是完全学分制，还是学年学分制，都是为了提高学生的综合素质，张扬学生的个性，拓宽其知识面。但伴随着选修课的增多，文理科之间的打通以及分级教学管理的出现，原有的班级管理模式被打破，致使思想政治教育功能被弱化，而且在教育时间和地点上很难同步；二是学生校外公寓园区的出现，打乱了学校原有的校、院（系）、班管理框架，学校的教育和管理由紧密型变成了松散型。这些新情况的出现，客观上要求我们对过去好的教育载体在继承的前提下进行优化，并不断探索新载体。

（二）高校思想政治教育载体创新的原则

高校思想政治教育的载体不可能一成不变，必须随着历史条件的变化而变化，随着思想政治教育的发展而发展，与时俱进，优化创新。因此，思想政治教育载体的优化与创新不能随心所欲，应遵循以下原则：

1.合理继承原则

创新是在传统继承基础上的创新。传统载体当中有些合理部分应该继承。就现实而言，传统载体只是出现了不适应或者不够用，稍加改造予以优化便可加以运用。从某种意义上讲，优化也是创新。有些载体，如高校政治学习、

办学习班、开会、作报告、课堂灌输、党团活动等都应该合理继承，只是在安排的密度、运用的时间上要恰当、适时，同时要避免单调和重复。

2. 有利渗透原则

高校思想政治教育是一个"灌输"和"渗透"的过程。理性地灌输固然重要，但无形的渗透，从某种意义上讲也是不可或缺的，所谓"随风潜入夜，润物细无声"，是渗透效果的形象写照。载体的运用要有利于这种渗透，如社区文化、文化科技节活动、寝室文化建设、军训、劳动等都是一些好的载体，往往学生以主体身体参加，在其中无形地受到某种启迪和熏陶，强化了正确观念。

3. 便于吸引原则

增强高校思想政治教育的吸引力是教育者追求的目标之一，除了在内容上做文章以外，载体的吸引也是重要方面。青年学生一般有理想、有抱负，渴望成才，同时爱美、好动、参与性强、自主选择性强。因此在载体设计上要考虑多层次、全方位、立体性，以增强载体的吸引力。

4. 技术武装原则

则随着科学技术的飞速发展，传统的高校思想政治教育载体特别是传播媒介的新知识、新科技含量越来越高。这就要求我们一方面要注重传统载体的现代化，对其"硬件"进行必要的投入和更新，另一方面，对高校思想政治工作者也要进行新知识、高科技的"武装"。例如，网络作为思想政治教育的现代化载体，教育者必须充分利用占领，但对遏制其负面影响方面目前却显得力不从心，因此，有必要花大力气研究过滤有害信息的软件，在技术上创新，从而提高其技术含量，从根本上解决网络的负面作用。

二、高校大学生思想政治教育载体改革创新的举措

高校思想政治教育总是要通过一定的载体进行。载体承载思想政治教育的信息，是联系主客体的一种形式。目前，高校是思想政治教育的重要阵地，所以有必要研究一下高校思想政治教育载体的优化和创新。思想政治教育的载体可谓林林总总，应重点从以下五个方面进行优化和创新。

（一）优化管理载体，形成管理与思想政治教育的高度契合

管理载体，就是把教育内容与管理结合起来，渗透到广大师生员工的工作、学习、生活之中，从而达到提高思想政治道德素质，规范行为方式，调动积极性的目的。管理说到底就是执行某种规则。包括大政方针、人财物调配规则、道德行为规范、纪律约束规范等，向人们展示明确的条规，发出是

与非、对与错的指令，从而调适人与人、人与社会之间的关系，调动人的积极性。思想政治教育的一个重要任务，就是要理顺人与人、人与社会之间的关系，思想政治教育的终极目的是调动人的积极性，在这一点上管理和思想政治教育达到了高度的契合。实践证明，没有管理的教育是空洞的教育，没有教育的管理是低层次的管理。这就要求思想政治教育者要主动意识到管理是教育的载体并有效地加以运用，管理工作者要学会遵循思想政治教育的规律从而提高管理水平。

（二）优化服务载体，架起学校与师生之间沟通的桥梁

高校的服务工作覆盖教学、科研、生活各个方面，它是联系沟通学校与师生情感的桥梁，是师生向心力、凝聚力、积极性的"发生器"，是思想政治教育的重要载体。目前，高校对师生的服务不尽如人意，有必要从三个方面加强：一是树立以教师为本，以学生为本的现代教育观念，把为群众服务办实事作为工作的出发点和归宿；二是改变机关工作作风，热心为基层办好每一件事情，克服"脸难看、事难办、话难听"的官僚作风，做到春风化雨，润物无声；三是切实适应高校教学、科研和后勤服务体制改革后的新情况，建立完善的后勤服务、教学服务和科研服务体系，使师生的需求做到"登天有路，入地有门"。

（三）优化课堂载体，施行"文以载道"的渗透教育

课堂集教育、管理、服务、传道、授业、解惑多种功能于一体，是学生政治思想教育最正规的载体。"思政理论课"课堂是灌输马克思主义基本原理，强化行为规范，宣传大政方针，化解思想矛盾，培养科学的世界观、人生观、价值观的主渠道和主阵地。一般课堂除了传授知识的功能以外，也充满了"文以载道"式的渗透教育，如专业课程中的辩证法、人文精神、科学精神、创新思维的贯穿和渗透，教师人格言行的示范教育等。优化课堂载体，把教学与育人更加自觉地、有机地融合起来，是我们的重要职责，尤其是在学分制和学生住宿公寓化的条件下，更应如此。

（四）优化活动载体，实现教育与自我教育的有机统一

活动载体，是有意识地开展各种活动，将思想政治教育的内容寓于活动之中，使人们在活动的过程中受到教育，提高觉悟。高校的活动载体大致可分为校园文化活动、社区文化活动、社团活动、青年志愿者活动、社会实践活动、大学生科研活动、群众性精神文明创建活动等。这些活动都是适应高校形势新变化的探索与创新。以活动为载体，有着其他思想政治教育手段所

不及的独到之处：一是使思想政治教育内容为人们潜移默化地接受；二是能较好地实现教育与自我教育的统一。因此，活动载体必须大力倡导和扶植。

（五）优化传媒载体，拓展思想政治教育的新思路、新空间

高校的传媒，包括报纸杂志、宣传橱窗、广播电视、录音录像、校园网络等工具。以这些工具为载体，向师生传输思想政治教育内容，使之在接受广泛的社会信息的同时，接受思想政治教育。大众传媒载体在思想政治教育方面有较强的优势：一是传媒的渠道多，社会覆盖面广，因而影响大、效果好；二是适时、快捷，符合人们的现代生活节奏；三是能唱响主旋律，形成良好的舆论氛围。高校的大众传媒要真正发挥上述作用，必须坚持正确的导向，加强宏观调控，在内容上要围绕学校工作中心，在形式上要贴近学生心理、满足学生需求，以新的观点、新的思路、新的内容和形式，新的技术装备展现在广大师生面前，使之在加强思想政治教育中真正做到扩大覆盖面，增强针对性和实效性。

第四节 高校思想政治教育队伍的创新

大学生思想政治教育是一项系统工程，关系着大学生未来的发展，也关系着整个国家和民族未来的发展。思想政治教育队伍是加强和改进大学生思想政治教育的组织保证。高校必须有一支专门的工作队伍，在党和国家的领导下，有计划、有步骤地针对不同年级、不同思想状况的大学生开展思想政治教育。组成这一队伍的每个人都扮演着思想政治教育者的角色，承担着对大学生进行思想政治教育的责任和义务。思想政治理论课教师、辅导员和班主任、导师、专业课教师是开展大学生思想政治教育工作队伍的主体。

一、高校大学生思想政治教育队伍建设存在的主要问题

随着经济社会的不断变化和高等教育的不断发展，目前高校思想政治教育工作的环境日趋复杂，学生思想政治教育队伍建设面临着许多挑战和困难。在队伍数量、结构、素质和队伍的可持续发展上存在这样或那样的问题：一是这支队伍还不能完全适应新形势的需要，队伍年龄结构不合理、学历层次偏低、知识面不宽、业务能力不强等问题也不同程度地存在；二是这支队伍中有部分同志对学生思想政治教育工作不安心、不热心、不专心，感到学生思想政治教育工作任务重、难度大、待遇低、发展前途不大，存在着不想干、不愿意下功夫干的思想情绪，队伍缺乏足够的凝聚力和活力。

（一）结构不尽合理

高校思想政治教育队伍结构是否合理，关系到高校思想政治教育教育、科研和日常管理与教育工作这些动态系统是否最有效最可靠地运行。高校思想政治教育队伍的结构，从本质上来说是一个动态结构，它要受高等教育特别是思想政治教育专业发展的水平和各高校的具体条件所制约。但是，它在一定时期内应当是相对稳定的。因此，高校思想政治教育队伍的结构是一个相对稳定的动态过程。

从目前高校的现状看，思想政治教育队伍结构依然存在一些问题：

1. 年龄结构和性别结构失调

性别结构：女性辅导员的人数普遍多于男性。年龄结构：两头大中间小，一头是刚参加工作的年轻大学毕业生，另一头是年龄大的离退休人员，年富力强的中年教师严重缺乏。从整体来看，这支队伍的平均年龄偏低。导致这种现象的原因，与一些人都把思想政治教育岗位作为过渡岗位有直接关系。再从工作年限来看，大多数从事思想政治教育工作的同志工作经历都不足两年，甚至包括聘请的一些离、退休人员在内也是如此，可见思想政治教育工作队伍的流动性很大。一些年轻思想政治教育工作者工作一段时间后，要么改行、要么读研。同时，由于思想政治教育队伍的年轻化，导致整体思想政治教育队伍工作经验缺乏，社会阅历也相对不足，对于思想政治教育工作中很多问题都不能给予很好的解决和指导，他们自身对社会现实认识就很有限，因此，工作中也很难结合实际情况去帮助学生提高思想认识。

2. 专业结构不尽合理

从专业结构来看，一些高校的思想政治教育工作人员绝大多数不是思想政治教育专业毕业，更多的是毕业于理工专业和其他社会学科专业。拥有思想政治教育学、心理学、社会学等相关专业背景的思想政治教育工作人员就更少，因此。他们也很难承担起对学生的教育、辅导、服务的任务。一般来说，思想政治教育工作人员的专业结构与其所工作学校的专业设置有密切联系。在理工类高校，思想政治教育工作人员毕业于理工类专业的居多；在文科类高校，思想政治教育工作人员毕业于文科类专业的居多。虽然这些理工类和其他社科专业的毕业生同样有较高的学历水平，但由于他们的学历与思想政治教育工作关系不大甚至没有关系，因此，他们缺乏思想政治教育工作方面的理论、方法、技巧，缺乏思想政治教育工作方面的管理能力、教育能力等。这就降低了他们开展思想政治教育工作的效率和效果，使得我们党和国家的教育方针得不到很好的贯彻和落实；使得学生道德素质和整体素质未能得到充分的发展。2002年国家对心理咨询提出了准入制度，只有考取了心理咨询资格才能上岗承担心理咨询工作，但目前高校思想政治教育队伍获得心理咨询师资格的人数极少。

3. 职称结构失调。学历层次偏低

大多数高校思想政治教育队伍的学历职称结构存在着明显的不足，高学历层次和高职称人员比例偏低。一些高校把思想政治教育工作人员看作是"万金油"，认为谁做思想政治教育工作都行，"没有高学历也照样能干。"现代的高校思想政治教育是以科研、教学和日常性思想政治教育与管理工作紧密结合为显著特征的。思想政治教育工作者的学历，是其思想政治教育基础教育理论和科研能力的一个重要标志。目前，高校不同程度地存在着对思想政治教育工作者攻读在职学位支持不够、思想政治教育学科建设比较缓慢的现象，特别是对在职思想政治工作者专业培训、进修方面缺乏得力措施。高校思想政治教育队伍的职称状况同样不合理，这主要表现在高级职称比例偏少。不能形成前后相继的思想政治教育队伍职务梯队。其主要原因在于思想政治教育队伍职务晋升机制不完善，思想政治教育工作者偏重于具体的日常性思想政治教育和管理工作，在科研方面力度不够，更深层次的原因则在于思想政治教育学科建设和思想政治教育队伍建设的不力以及学历结构的不合理。因此，要改变高校思想政治教育队伍职称结构的状况，必须从学科建设、职务晋升、学历结构等多方面着手，方能形成高校思想政治教育队伍的合理职务结构。

4. 学源结构单一

从学源结构来看。有一些学校倾向于将自己早已观察好的学生干部或易于考察的本校毕业生留下从事思想政治教育工作。一是因为本校毕业生比较熟悉校情，不用花费很多精力去培养很快就能上手；二是本校的领导老师对自己的学生总有些关爱之心和留念之情，当然愿意他们能留在自己身边工作；三是在当今就业形势如此严峻的情况下，留下本校的学生亦能解决他们的就业问题，提高本校的就业率。如此一举数得之事何乐而不为呢？但是，他们与本校学生的学历水平相当，特别是专科层次的学校，大量留用本校学生从而导致思想政治教育队伍的整体素质降低。其次，留用本校的学生不利于多种校园文化、多种校园精神的相互激荡、相互融合、互相取长补短，从而不利于提升思想政治教育工作水平。

（二）机制不够健全

高校思想政治教育工作人员的管理制度不健全，思想政治教育队伍建设存在"两张皮"现象。一般的高校根本就没有将思想政治教育队伍的建设纳入学校总体规划，对思想政治教育工作质量也没有建立考核体系和激励机制，导致一些人工作的积极性不高、创造性发挥不够。高校思想政治教育队伍缺乏规范的培训机制，培训工作没有统一的要求，培训时间长短不一，内容不系统，培训资金也没有保证。学校不仅思想政治教育体系不健全，而且举办者往往套用管理企业的模式来管理学校，学校工作是培养人、教育人的事业，与企业有着本质性的区别，这样的管理机制就更不可能健全了。另外，没有建立"思想政治教育人员准入制度"。高校本身就对思想政治教育工作缺乏认识，招聘思想政治教育工作人员也没有严格的考核制度，年轻的大学生更缺乏对思想政治教育工作的深刻理解，从进校起就存在短期思想，一有机会就跳槽。

（三）队伍缺乏稳定

相对稳定性是一支队伍生存和发展的前提和基础。没有稳定，就会人心涣散，失去凝聚力和向心力，也就谈不上战斗力了。开展思想政治教育工作，要做大量耐心、细致的思想工作，特别是高校的生源质量普遍偏低，工作压力大，任务重，尽管思想政治教育工作人员精力投入大、工作时间长，但是从事思想政治教育工作在待遇上与专职教师相比还存在较大差距。现在思想政治教育工作队伍更新周期大大缩短，流动过快，短期行为严重，主要是由于当前高校思想政治教育工作队伍的管理和考核机制尚不完善，一些思想政治教育工作者觉得在工作中难以求得发展，表现出对本职工作不热心、不专心、不安心，这就使得高校的思想政治教育工作在效果上难以保证，在目标上难以实现。由于人员调换频繁，走的人有怨气，来的人无勇气，很多人更是产生随随便便的思想，抱着无所作为的态度，工作无动力，无起色。这就造成工作被动，使一些学校思想政治教育工作处于无人做的境地。而由于高校办学体制、管理模式的原因，思想政治教育工作的兼职人员多于专职，做的事情多，反而待遇低。一些年轻人根本就不愿意做思想政治教育工作，即使暂时在岗，思想也不稳定，"走心大于守心"；信心不足，有失落感、困惑感、危机感、依附感，存在三多一少现象（即跳槽多，改行多，兼职多；后备干部少）。对于出现的新情况、新问题，缺乏思考，缺乏热心、缺乏研究、解决办法少，方法简单。敷衍了事。同时，由于师资队伍力量薄弱，一些高校把这支队伍当作突击队、消防队，对他们用得多，培养得少，造成队伍人员流动频繁，缺少学者型、专家型政工人员，影响工作的力度和效果。总之，不论是因为政策的原因还是因为学校自身的原因，高校思想政治教育队伍不稳定的问题十分严重，这也是目前影响高校思想政治教育队伍建设的一个重要原因。

（四）素质有待提高

高校思想政治教育队伍中高学历、高职称人员所占比例同其他队伍相比明显偏低，队伍整体层次有待提高。

1. 理论水平有待提高

高校思想政治教育队伍中一些人不是以积极进取的心态认识自身的不足、加强学习和努力提高自己的能力，而是以不变应万变，被动应付，工作缺乏活力和创新意识。少数离、退休的老同志居高临下，以正统严肃的方式占据主导地位，训导多、说服少；批评多、帮助少；有些虽然有工作的热情，但说理不透，不能给学生以更高的指导，使工作效果受到影响，甚至使学生产生逆反心理。

2. 道德素质有待提高

受国内外一些不良思潮的影响，一些思想政治教育工作者淡化了正确理论的修养，在工作中不能引导学生树立正确的世界观、人生观和价值观，甚至在课堂上班会上无原则地发牢骚、讲怪话、言行举止不能时刻与党中央保持一致。此外，从政治上积极要求进步本来是我国知识分子的突出特点，而且思想政治教育工作者从事的工作具有极强的政治导向性，但是一些思想政治教育工作者对政治缺乏热情，对入党也不积极。淡漠意识形态，远离政治的倾向严重。他们的行为都直接影响着大学生政治素质、思想素质的培养。再者，一些思想政治教育工作者由于人生价值取向倾斜，价值取向也转向世俗功利，其表现为奉献教育事业的精神下滑，片面追求个人利益的最大化，一切以唯我作为出发点和衡量标准。凡有利于己的就做，不利于的就不做。还有的思想政治教育工作者利用高校自由支配时间较多的有利条件，在校外大量兼职、兼课，终日忙于第二职业，无暇顾及本职工作，无力对学生进行个别有针对性的教育，损害了教师的形象。还有极少数人受到社会不良风气的影响，存在腐败现象，贪图金钱，喜欢享乐，办事不讲原则，处理问题不公正，当面一套，背后一套，说的一套，做的一套，在学生中造成了极坏影响。

3. 知识和能力素质有待提高

一些思想政治教育工作人员不注重学习、不主动学习和掌握新知识新技能，知识陈旧、能力退化。受经费投入不足的影响，思想政治教育工作者外出进修和培训的机会较少。这就势必会造成知识面不宽，知识更新慢，影响了育人的效果。思想政治教育工作者有其自身的特殊性，但高校对思想政治教育工作者的职称晋升、优秀论文评定、科研课题确定、学科带头人选定等方面缺少相应的政策。因此与其他专职教师相比，思想政治教育工作者的科研能力较弱，科研成果少，发表成果的园地也不多，相互间工作经验的交流也较困难。思想政治教育工作者花心血写出来的论文，不花钱不能发表，甚至花钱也没地方发表，挫伤了思想政治教育工作者科研的积极性，从而影响思想政治教育工作者的育人效果和思想政治教育工作者队伍整体素质的提高。

二、加强高校大学生思想政治教育者队伍的建设

大学生思想政治教育者是大学生良好的政治认知、道德行为、价值观念等形成的引导者。大学生思想政治教育者队伍的建设直接影响着大学生思想政治教育的效果。加强大学生思想政治教育工作队伍建设应从以下方面进行：

（一）加强对大学生思想政治教育者队伍的领导

中国共产党在长期的革命和建设实践中形成了思想政治教育的优良传统。党的思想政治工作"是经济工作和其他一切工作的生命线"。党和政府必须加强对思想政治教育的领导，牢牢把握"生命线"。大学生思想政治教育作为党的思想政治工作的重要组成部分，必须将整个工作的领导权掌握在党和政府的手中，只有这样才能保证大学生思想政治教育正确的政治方向，实现其为社会主义现代化建设培养接班人的历史使命。各级党委和政府、教育部门是对大学生思想政治教育工作队伍进行管理的具体实施者。教育部要对大学生思想政治教育工作队伍的建设进行统一规划、组织协调、宏观指导和督促检查。各高校党委要高度重视这支队伍的建设，要专门安排一位副校长负责思想政治教育工作队伍的管理。

（二）完善高校思想政治教育工作队伍的选拔机制

思想政治教育者的选拔直接决定能否有效开展大学生思想政治教育。"德才兼备"是选拔工作的基本原则。德才兼备，要求思想政治教育者的选拔中不仅要注重应聘人员的学历、能力，还要注重其品德，要把那些有知识、有才能、品德好、善于进行思想政治教育的人员选拔到思想政治教育岗位上来。选拔中要按照公开、公平、公正的原则，给应聘者一个平等竞争的平台，也给思想政治教育工作一个选用最佳人才的平台。

（三）明确各教育力量的职责

职责明确，才能尽职尽责。各高校在实践中要不断积累经验和教训，对各教育力量的职责形成比较明确的规定。虽然思想政治教育很难进行量化的

规定，但基于各教育力量不同的角色定位，对其职责范围进行描述还是有条件的。比如，《普通高等学校辅导员队伍建设规定》中就从帮助高校学生树立正确的世界观、人生观、价值观，了解和掌握高校学生思想政治状况，落实对经济困难学生资助的有关工作，积极开展就业指导和服务工作，组织、协调班主任、思想政治理论课教师等教育力量的教育工作等八个方面对辅导员的工作职责进行了规定。

（四）建立大学生思想政治教育队伍的交流机制

做好大学生思想政治教育工作，必须依靠思想政治教育者群策群力。共同发挥作用。为了更好地开展大学生思想政治教育，必须建立教育者间的交流机制。比如，规定一周一次的辅导员、班主任、导师的交流。具体交流机制的安排，各高校应根据实际情况，灵活执行。加大思想政治教育者间的交流，可以更好地对学生的思想政治状况进行了解，可以及时地发现存在于学生中的各种问题，也可以发挥教育者的集体力量对大学生的思想进行引导。

（五）探索大学生思想政治教育队伍的培养方式

教育者先要受教育。教育者是做好大学生思想政治教育工作的主体，他们是教育的推动者，首先必须把他们自身教育好，把他们自身的理论修养、道德素质提升，才有资格去教育大学生。所以高校在把好选拔关、使德才兼备的人从事思想政治教育工作的基础上。要通过岗前培训、在岗培训、社会考察、脱产学习等方式开展对这些人员的培养。一般来讲。在教育者上岗前必须先进行岗前培训，使教育者明确教育职责，掌握教育方法和技能，熟悉业务，对大学生思想政治教育工作形成总体的认识。教育者上岗后也应该不定期地对其世行在岗培训。在岗培训的方式可以是多样的，包括请优秀工作者进行经验讲授、情景示范，教育者间进行互动交流等。社会考察的培养方式是针对某一社会现象组织教育者进行专题调研，形成对问题的科学认识和对学生开展教育的工作思路。脱产学习需要校方从时间和经费上保证进修教师能充分利用学习时间提升素质。高校思想政治教育队伍的培养方式还应在实践中不断探索。

教育者是塑造大学生思想政治品德的工程师。大学生思想政治教育队伍的建设关系着高校思想政治教育的效果，高校除积极为思想政治教育者素质的培养创造条件外，还应该鼓励教育者加强自我修养，不断实现个人素质的提升，以更好地开展教育工作。

第六章 "互联网＋"时代下高校思想政治教育的创新

"互联网革命伟大的思考者"克莱·舍基在其畅销书《人人时代》里曾大胆预言和解析，互联网让我们进入了一个"人人时代"。身处互联网时代，人与人的关系链变得越来越复杂多变。微博、微信、购物网站……让人与人之间可以突破传统社会的种种限制，灵活而有效地利用移动电话、电脑、平板等联结起来，一起分享、协同合作，乃至开展集体行动。这都在向我们昭示，人人时代已经到来，我们需要寻找一种新的关系模式，让人人都变得更为平等。而我们也更加需要借助互联网来改善人们的生活。

第一节 "互联网＋"时代高校思想政治教育关系的变化

教育者和教育对象是思想政治教育过程中的两个基本要素，两者的关系是思想政治教育过程中最基本的关系，在思想政治教育中起着基础性和决定性的作用。教育者与教育对象良好的关系是思想政治教育活动顺利进行的重要保障。思想政治教育所面对的是活生生的人，背后隐含的是人与人的关系，交流者是有思维、有能动性的人。教育的目的就是要引导人们追求更加美好的生活和更加精彩美丽的人生。正因如此，思想政治教育是最具有魅力和生命力的教育活动。

一、互联网环境下思想政治教育师生关系的转变

信息技术的发展导致互联网已经成为思想政治教育新的载体和新的场域。"互联网＋"更是进一步推动了思想政治教育与互联网的融合，使当代思想政治教育再也无法绕开互联网而独自运行。"互联网＋"时代，思想政治教育者与教育对象仍然是思想政治教育的两个基本要素，在高校思想政治教育工作中，思想政治教育者与教育对象主要就是指高校教师与大学生。高校教师在开展思想政治教育，实现教育目的的过程中，需要通过互联网这个中介和载

体,运用互联网思维,有意识、有计划、有步骤地影响和改变大学生的思想和行为。

（一）师生互动时空发生了改变

在现实生活中。人们的交往方式总是受制于其所处社会生产力的发展程度,尤其是科学技术的发展程度。互联网技术的发展,创新了在互联网环境下思想政治教育师生之间相互交流、沟通和作用的方式。在以往的思想政治教育中,教师和学生必须在同一个地方、同一个时间,才能开展面对面教与学的任务,在这种状态下,思想政治教育师生之间的互动属于同一时空的直接互动。而随着"互联网+"行动的深入开展,思想政治教育的时空限制被完全打破,教与学可以不受任何地理条件的限制,知识传播和知识获得渠道变得灵活多样。借助互联网平台的思想政治教育使得师生之间经常处于一种时间和空间上分离的状态。思想政治教育师生只要借助互联网这个纽带和中介,就可以将网络两端的师生连接起来,并通过互联网来发生连接,产生作用。思想政治教育师生互动时空疆界的打破,让互联网成为思想政治教育和师生互动的重要场域和特殊环境。移动互联网的跨越式发展,让人们可以随时随地地上网,随时随地地交流沟通,让思想政治教育师生互动的场域无限扩大。与此同时,互联网也促使大学生对信息自由交流和自主选择的权利与能力不断提升,信息流动更加迅速,大大提高了师生之间沟通、交流、互动的频率。师生互动变得无处不在,无时不在。

（二）师生互动形态发生了改变

互联网世界的符号化、数字化传播构建了一个区别于真实生活的虚拟世界,让身处在互联网这个思想政治教育特殊场域的师生具象隐藏了起来,改变了思想政治教育师生在教育过程中真实在场互动的方式,使人们的互动方式变成了信息化在场。也就是"人可以以符号、影像等信息方式展现出来,使符号所指的对象和影像所依托的实体即使并不在场也能使观察者对他们产生一种在场感,某种意义上就是一种虚拟在场。那么这种虚拟在场,使得思想政治教育师生互动不再是直接地感知对方所传达的信息,而是一种间接感知,是虚拟存在的师生之间的互动交往。数字化后的人的虚拟呈现,让师生出现了与真实自我相分离的师生自我,赋予了师生相比物理形态更多的自由和机动性。但另一方面,这种虚拟世界的互动却无法像以往思想政治教育中师生真实互动那样,进行直接、深度、复杂的交流。思想政治教育并不是一般的知识传授,而是通过教育改变人的思想进而影响人的行为的活动。思想政治教育不光是使教育对象实现一个知识"从无到有"的过程,更是一个促使教育对象思想观念"从非到是"的转变,因而在思想政治教育过程中,教育者的示范性教育是非常重要的一个环节。而在互联网教育中,师生难以通过互联网所架构的虚拟世界来全面、真实探寻各种信息背后所隐藏的真实个体的表情、动作、暗示、情感等复杂内涵,因此,也往往会损害到思想政治教育思想、情感上的沟通和共识、共鸣的达成,思想政治教育者的示范作用发挥受到很大限制。

(三)师生互动关系发生了变化

在传统的思想政治教育中,教育者与教育对象常常处于事实上的心理优势和劣势状态,教育关系呈现自上而下的垂直形态。思想政治教育活动多是单向式的灌输和施与,僵化的教育形式往往遭到学生的抵触。互联网平台的信息呈现开放、交互、平等的特征,网络各个节点之间的联系是随时随地、自愿、平等的互联。互联网文化呈现多元化、大众参与、自主选择等特征,充分尊重每个人的独立个性和自主选择,有力提升了受教育者的地位。互联网催生了一种崭新的人际交往方式和社会现象,互联网的虚拟环境和大众平等参与消除了人际交往中地位、行业等的差别和界限。因此,互联网与思想政治教育的融合,使得思想政治教育的师生双方角色虚拟化,双方关系摆脱了以往教育者居高临下,单方面作用和控制教育对象的单向度教育模式。思想政治教育者和教育对象之间的关系呈现多向互动、交互作用的特点。在互联网世界里,思想政治教育者面对的教育对象可以是一对一,也可以是一对多的关系,还可能是多对多的关系,教育者与教育对象之间、教育对象与教育对象,以及教育者与教育者之间均可以通过互联网进行多向度的交往、沟通与互动,在相互碰撞和比较中加深对事物和现象的认知与理解。促使教育者在多个网络节点的信息多向互动中,接受广泛质疑,检验思想信息传播的正确性和有效性,不断提高思想沟通、教育引导的能力。

二、正确处理"互联网 +"时代思想政治教育中师生关系

(一)发挥好教师在思想政治教育中的主导作用

我国高等教育肩负着培养德智体美全面发展的社会主义事业建设者和接班人的重大任务:高校思想政治工作直接影响着青年学子的思想观念、价值取向、精神风貌,关乎一代青年的成长成才,要做好高校思想政治工作,在大学生思想政治教育领域落实"互联网 +"战略,需要因事而化、因时而进、因势而新,培养一支专业化和职业化齐备,研究水平和实践能力同高,理论

学习和工作技能俱佳的思想政治教育的教师队伍。高校思想政治教育工作者被赋予了多重角色，他们不仅是"传道者，授业者"，也是指引大学生健康成长的"解惑者"：而在"互联网+"时代，高校思想政治教育工作者更是确保思想政治教育互动有效性的主体，面对的是生活在全球数字化、信息化背景下，伴随着互联网高速发展成长起来的，具有更广阔视野和更便捷信息获取渠道的新一代大学生。因此，高校思想政治教育工作者需要积极应对"互联网+思想政治教育"的挑战，提高思想认识，转变教育理念，提升育人技能。

第一，高校思想政治教育工作者要加强自身建设。高校思想政治教育工作者做的是传播知识、传播思想、传播真理的工作，是塑造灵魂、塑造生命、塑造人的工作。思想政治教育工作者要努力成长为塑造学生品格、品行、品味的"大先生"，成为学生做人的镜子。因此，高校思想政治教育工作者首先要当好学习者，主动学习，做到教育者要先受教育。高校思想政治教育工作者要努力提升自身的理论修养，提升中国特色社会主义理论水平，在真学、真信、真懂、真用上下苦功。坚定共产主义远大理想和中国特色社会主义共同理想，坚持中国特色社会主义道路自信、理论自信、制度自信、文化自信，努力做好先进思想文化的传播者，党执政的坚定支持者；高校思想政治教育工作者要注重自身的师德师风建设，坚持教书和育人相统一。坚持言传和身教相统一，坚持潜心问道和关注社会相统一，坚持学术自由和学术规范相统一，要做到自己明道、信道，做好大学生人生道路的引路人、学习的指南者，和生活的护航者；面对"互联网+"的挑战，高校思想政治教育工作者还要运用新媒体技术使思想政治教育工作活起来，要及时掌握信息获取渠道，了解最新教育技术和教育发展趋势，掌握专业教育资源。掌握网络信息制作的相关工具及技术，主动研究慕课、微课教育规律及制作技术，学会制作网络课程的各种网络媒体语音工具、截图工具、视频编辑工具的使用等技巧。努力为大学生建设更加健康、文明、多样、生动的网络文化，组织更加丰富的网上交流和讨论等活动，积极把握好互联网虚拟角色的扮演技巧，不断提高运用大量信息做好思想政治教育工作的能力，推动思想政治工作传统优势同信息技术高度融合，增强教育的时代感和吸引力。

第二，高校思想政治教育工作者要主动了解大学生的实际需要。思想政治教育工作者要主动运用互联网，以平等网民的身份接近、接触大学生，缩小与大学生之间的地位势差，培养与大学生之间的亲近感。大学期间是大学生不断吸收各种思想养分成长的黄金期，也是大学生形成和选择自身价值取向的关键期。他们思想活跃、兴趣广泛，对各种社会议题有着广泛的兴趣和表达意愿。高校思想政治教育工作者作为"领路人"要主动了解、熟悉当代大学生的互联网情结，理解大学生的互联网行为背后隐藏的利益诉求和情感需要。重视大学生面对社会和个人成长在感情、求职、学业、社会热点等方面出现的疑惑、彷徨、失落等问题。利用大数据分析不同大学生思想情感表达的差异，以及形成这些差异的原因，从而更有针对性地做好大学生个性化的思想政治教育工作。

第三，高校思想政治教育工作者要按照社会发展需要，教育、引导、塑造当代大学生。高校思想政治工作关系高校培养什么样的人、如何培养人以及为谁培养人的根本问题，是办好大学同本之举，关系我国高等教育发展，关系青年成长，关系民族未来。高校思想政治教育工作者要抓好马克思主义理论教育，充分展现中国特色社会主义大学的鲜亮底色。要把社会主义核心价值观教育贯穿于教书育人的全过程，加强中华优秀传统文化、革命文化以及社会主义先进文化教育，加强党史、国史、改革开放史、社会主义发展史教育，引导大学生做社会主义核心价值观的坚定信仰者、积极传播者、模范践行者。要向大学生讲述、传播、阐释中央大政方针、四个全面战略布局和五大发展理念，引导大学生正确认识时代责任和历史使命，激励大学生自觉把个人理想追求融入国家、民族的事业发展中，勇做走在时代前列的奋进者和开拓者，为实现两个一百年奋斗目标，为实现中华民族伟大复兴的中国梦而努力学习，贡献力量。

（二）充分调动大学生在接受思想政治教育中的能动性

大学生是能够独立思考、做出判断的自然人，他们被数字、手机、电脑、无线等包围，利用互联网聊天交友、获取新闻、消费购物已经成为当代大学生的生活常态。作为高校思想政治教育工作者要辩证客观地看待这一现象，认识到互联网是一把双刃剑，它既能推动学生的学习、成长，也能使不少学生因缺乏自制力而沉迷于网络，迷失生活的方向。"互联网+"行动的挑战，要增强"互联网+"时代思想政治教育的有效性，就需要充分调动大学生接受思想政治教育的能动性、积极性，促进学生变被动接受教育为主动学习。

第一，高校思想政治教育工作者要注重在思想政治教育过程中的教学相长，对大学生提出的思想观点要进行大胆回应、讨论和交流，丰富大学生的思想，推动其进行深度思维。大学阶段正是一个人思想的半成熟期，容易产生迷茫、冲动、消极等情绪，需要有人加以纠正与引导，让年轻人的热情和动力发挥到更有用的地方。高校思想政治教育工作者要对大学生充分信任，重视大学生们一些在"过来人"看来可能幼稚、粗浅的问题，鼓励他们敢于积极主动找寻问题，发现问题，提出问题，并积极寻求解答问题的途径，增强大学生在思想政治教育过程中的自我意识和主动参与意识。

第二，高校思想政治教育工作者要注重鼓励大学生敢于将其在思想政治教育中获得的思想启迪，与其他人进行交流、沟通和互动，促使其自觉成为主动的思想导向者、舆论引导者和价值引领者。当前大学生思维活跃、视野开阔、视角敏锐、善于思考、个性独立，他们对于自己学习、交流的内容与工具选择有很强的自主意识，高校思想政治教育工作者要鼓励大学生敢于将其理解接受的先进思想观念和对马克思主义学习研讨的心得体会等，在课堂内外、校园内外、网上网下的各种活动和交流中进行大胆阐释和表达，鼓励大学生敢于亮出自己的鲜亮底色，展现自己独特的人格魅力。让大学生之间能相互影响，相互帮助，汇聚大学生群体内部强大的正能量。

第三，要注重大学生的自我教育。高校思想政治教育的最终目的就是促进大学生的全面发展、健康成长。在"互联网+"时代，高校思想政治教育要充分尊重学生的自主性和能动性，相信学生有能力自己管好自己。当代大学生出生在国家经济起飞、社会重视教育的年代，成长中又赶上了互联网的高速发展。这一代人有更高的素质、更强的自信、更强的表达意愿、更多元的人生追求，和更宽广的国际视野。高校思想政治教育工作者不仅仅是教育过程的设计者和主导者，更是大学生自我成长和自我教育的推动者。"互联网+思想政治教育"要求广大教育工作者要注重引导大学生自觉、主动、经常地对自己进行思想政治教育，不断提高其在互联网环境中对各种信息的辨识、判断、选择能力和正确价值观念的内化与外化能力。推动大学生能从互联网世界中获取更加有用的信息、知识和思想营养，不断提升自身的思想政治素质，成为名副其实的思想政治自我教育者。

（三）在实践中促进教师与学生之间的平等交流

在传统思想政治教育中，教育者与受教育者常常处于事实上的心理优势和劣势地位，教育关系往往是垂直型的，教育活动容易陷入"我说你听、我打你通"的单向灌输的困境，难以充分发挥受教育者的主观能动性。"互联网+"时代尊重人性、开放平等的特质，要求思想政治教育工作要适应时代发展趋势，打破这种自上而下的单一教育模式，建立师生平等交流的新型模式，以提高"互联网+思想政治教育"的实效性。

一方面，思想政治教育者与教育对象具有对等的社会地位，享有相同的公民基本权利。社会主义国家是以公有制为主体，人民当家作主的国家。没有社会地位高低贵贱之分，每个公民也都享有宪法所赋予的权利和义务，任何人都不能超出法律之外或居法律之上。思想政治教育者和教育对象同是国家公民，因此，他们的社会地位与人格是平等的。在高校思想政治教育活动中，师生之间要相互尊重。思想政治教育工作者要克服高高在上、盛气凌人的态度，大学生也要克服轻视甚至蔑视教师及其教育工作的态度，双方要在教育实践过程中，努力营造平等、友善的教与学的氛围。另一方面，思想政治教育者与教育对象还享有在思想政治教育活动中自由发表意见的权利。在高校思想政治教育活动中，教育工作者和大学生都要能充分表达自己的意愿，相互之间要善于理解对方、相互包容，主动献策、密切配合，既要克服教育者"一言堂"或"自由放任"的工作态度与作风，也要克服大学生片面强调权利和自我意识，而不主动配合教育者工作的思想与行为。

此外，教与学是教育者与教育对象的职责，职责的不同决定了教育者的主导作用和教育对象的主动作用。在高校思想政治教育中，教育工作者与大学生之间的作用不是孤立、单向发挥的，而是在交互中发挥作用的。教育工作者的主导作用要在大学生的主动性充分发挥的基础上才能更好地实现，而大学生的主动作用也只有在教师的正确有效引导下才能正向、积极地发挥，两者缺一不可。面对网络空间中多样化的价值取向，教育者既要能对引导受教育者做出价值选择的科学性进行合理化解释，促使受教育者充分认识到价值选择的重要性、方向性，感受到思想政治教育者促进人自由全面发展的诚意。同时，教育者也要鼓励受教育者从自身生活视野出发，敢于提出自己的主张，采取健康的方式进行积极的价值选择，并能对价值选择的理由做出陈述论证，双方进行沟通、讨论，由此确立科学的政治思想观念。思想政治教育者要努力增强理论的说服力，提高理论对现实的解释力，通过提出观点、论证观点，接受受教育者质疑、反驳，然后再回应，循环往复，最终达成共识，全方位、多维度地引领受教育者确立与社会发展相一致的世界观、人生观和价值观。因此，"互联网＋"时代，高校思想政治教育要善于利用互联网构建师生之间主导主动作用的良性互动，克服师生之间相互掣肘的现象。对高校教师来说，需要适应角色作用的转变，学会扮演学生指导者的角色，充分尊重学生自我教育的权利，利用社会环境、关系网络、群体氛围、同伴互动等学习活动要素，来辅助大学生自主学习，帮助大学生构建良好的自主学习和自我教育环境，提高思想政治教育的实效性。

第二节 "互联网＋"时代高校思想政治教育课程的创新

"互联网＋"时代是信息与知识爆炸的时代，知识越来越具有社会性、创新性、碎片化的特征，人们的学习资源越来越多元化，学习场合从传统校园和教室不断向智慧校园和虚拟校园拓展，人们的学习方式呈现连接一切、跨界参与、创新驱动、个性化定制、碎片化和泛在化学习等特征，思想政治教育的外在环境已发生了重大变化。思想政治理论课是思想政治教育工作的核心载体。高校思想政治工作的成效在很大程度上取决于思想政治理论课水平高不高、效果好不好、阵地牢不牢。高校思想政治理论课必须不断进行改革来适应社会需求，及时转变教学理念，将互联网思维运用到思想政治理论课教学模式改革和课堂教学中，让互联网与思想政治理论课进行深度融合，创造新的课程形态，从以往"传授知识为主"向"培养学习与应用能力为主"转变，打一场提高思想政治理论课质量和水平的攻坚战，以实际行动推动高校思想政治工作迈上新台阶。

高校思想政治工作关系高校培养什么样的人、如何培养人以及为谁培养人这个根本问题。要用好课堂教学这个主渠道，思想政治理论课要坚持在改进中加强，提升思想政治教育亲和力和针对性，满足学生成长发展需求和期待。思想政治理论课是大学生思想政治教育的主渠道，面对"互联网+"的浪潮，高校思想政治理论课必须站在社会主义大学"究竟培养什么样的人"和"为谁培养人"的高度，思考自己的社会责任，运用好"互联网+"的优势，群策群力协同创新，探索更加有效的课程形态和教学模式，充分发挥"互联网+"时代高校思想政治理论课的意识形态功能。

一、当前高校思想政治理论课面临的挑战

高校思想政治理论课承担着对大学生进行系统的马克思主义理论教育的任务，是对大学生进行思想政治教育的主渠道、主阵地，是帮助大学生树立正确的世界观、人生观和价值观的重要途径，在提高大学生思想政治素质、培养中国特色社会主义事业接班人和建设者等方面起着重要的作用。近年来，随着信息技术的发展。互联网成为大学生日常生活、学习、娱乐不可缺少的重要部分，改变了大学生的学习方式和生活方式。高校思想政治理论课教学面临着大学生价值多元化、知识碎片化、学习功利化等一系列挑战，出现了高校思想政治理论课"抬头率"不高、"配方"陈旧、"工艺"粗糙、"包装"不时尚，导致课程亲和力差等状态，很大程度上制约了高校思想政治教育工作的有效性。

（一）多元文化和多元价值观念的冲击，增加了思想政治理论课的教学

近年来，伴随着我国社会转型过程中传统与现代、本土与外来、正统与

非正统等各种价值观念和社会思潮的交融碰撞,多元文化、多元价值观念已经成为大学生思想政治教育的重要生态环境。一方面,多元文化为我国文化繁荣和大学生个性丰富与思想解放带来了积极意义;另一方面,利益多元化导致的极端利己主义、拜金主义、享乐主义等价值观念的冲击,削减、弱化了社会主流意识形态的主导力和影响力,使得社会主流文化的权威遭受着挑战。多元的文化生态环境不可避免地引起了人们价值观的碰撞和混乱,为大学生正确价值观的选择带来了困扰,也为大学生思想政治理论课的正面教育提出了考验。在如今社会上各种网络文化、流行文化、快餐文化、嘻哈文化、星座文化、消费文化等的冲击下,我国传统文化正在不断遭受着挤压和解构,使得价值观的不确定性、可变性,以及在当下社会应塑造何种价值观成为全社会关注的焦点。青年学生对于新技术、新平台的掌握能力较强,他们接触多元化思潮的途径也越来越广,面对各种文化与思潮的涌来,正处于价值观形成重要阶段的大学生,面对多元价值观难以做出理性的抉择,出现重个人利益、轻集体利益,重眼前利益,轻长远利益,重享乐,轻奉献等价值倾向。多元文化生态环境使高校思想政治教育的整体社会和文化氛围日益趋向复杂、多变,大学生价值观念呈现多元化趋势。而高校思想政治理论课具有很强的意识形态性,是巩固马克思主义在高校意识形态领域指导地位,坚持社会主义办学方向的重要阵地,是对大学生进行社会主义核心价值观教育的核心课程。多元文化和大学生价值观的分化,使思想政治理论课话语体系和教师权威受到了前所未有的挑战,思想政治理论课教师既要给学生讲授马克思主义理论的科学性,也要深入研究并讲授各种思潮、文化的由来和实质,才能让大学生在多元文化和价值观念面前明辨是非,上好思想政治理论课的难度越来越大。

(二)教材和教学偏理论化与社会现实存在的差距,影响了大学生对教学内容的信服度

思想政治理论课是围绕"培养什么样的人、如何培养人以及为谁培养人"的根本问题而展开教学的。目前,全国高校思想政治理论课统一使用"马克思主义理论研究和建设工程重点教材",教材中的理论抽象、枯燥,对学生缺乏吸引力。在实际教学过程中,一些教师在处理思想政治理论课教材内容时,没能结合新时期学生的认知特点,把教材体系转化为教学体系。有的教师讲授内容过于理论化,注重对现实问题的结论性讲授,而忽视了对现实问题生动、可读的剖析和讲授过程,与实际联系不够紧密;讲课教条呆板、照本宣科,难以调动大学生积极思维的主动性,很大程度上削弱了大学生的学习兴

趣和动力。还有些教师对理论的深层逻辑分析不够，没有将热点问题理论化，没有把问题贯穿在教学中，对现实的理论把握不够客观、全面，理论解析不透彻、不深刻，相应减弱了理论的说服力和现实的感召力，未能带领学生进行理论上的深入思考，使学生难以实现对马克思主义理论的真知。有些学校将理论教学与实践教学完全分离进行，或只注重理论教学而忽视实践教学，使理论教学停留在课堂环节中，成为单一的知识传授，没能充分发挥其在实践教学环节中应有的指导作用。加之在考核方式上过于单一，缺少对学生平时表现以及实践教学部分的有效考核，偏重对学生理论知识掌握的考核，轻视对学生理想信念、道德修养等知识内化和实际行动方面的考查，客观上使大学生对思想政治理论课的地位产生错误的认识。以上种种，导致思想政治理论课上教师讲的学生认为不能解决问题而不想听，学生想听的教师不会讲或者讲不好。这就使得思想政治理论课教学难有感染力和吸引力，学生对教学内容缺乏应有的信服度。

（三）学习目的和动机的功利性倾向，导致大学生对思想政治理论课的"实用性"认识不足

高校思想政治理论课进行的是世界观、人生观、价值观的教育，而非实用技能的教育，其"实用性"和"实践性"并非普通专业课中的理论应用于实验或设计，而是马克思主义理论对解决现实问题的指导。这对于那些重实用而轻理论的学生的来说可能会觉得"无用"。当代大学生相互之间存在较强的攀比心理，从小在学校、家长的期望和要求下，过于关注学习成绩，缺少对自身心理健康、道德修养等方面的关注。加之就业压力增大，竞争意识增强，但由于生活环境的局限，缺少与社会的密切联系，对很多社会现象缺乏全面客观的认知，影响其对道德观、价值观，以及人生与社会发展意义的认识。使得大学生在认识和审视问题时，多会从功利和实用的角度出发，将学习行为的结果与个人的直接利益相联系，过度追求个人需要的满足和享受，部分学生会认为思想政治理论课缺乏实用性，对专业学习和就业没有帮助，思想政治理论课学习可有可无。而面对网络开放的信息海洋，大学生一方面很容易利用其便捷性对思想政治教育进行简单应付，不加以深度思考：在这种情况下，大学生就会对教师的教学内容形成过滤性的吸收和消化，对他们认为有用、刺激的信息进行辨别、选择、记忆和思维，对他们认为无用武之地或实用价值不高的信息要么通过网上的搜索摘抄，简单拼凑作业，要么消极认知，倾向于追求个人利益最大化。具体表现就是学习行为的目的性、功利性明显增强，在接受思想政治教育时比较盲目和排斥，没有重点，对有关

思想、政治、道德等的信息认知呈现惰性化，很难将对教育信息的感性认识进行深入思维而上升到理性认识，对理想信念等精神层面的追求认为过于"虚幻"而趋于弱化，并没有将高尚的情操、健全的"三观"、优良的道德品质作为其成功的标准和学习成长的目标，在一定程度上削弱了思想政治理论课的吸引力和凝聚力。因此，思想政治理论课教师在教学中必须对现实问题进行深入研究，做出理论上的解答，才能更好解决学生思想上的困惑，体现马克思主义理论的价值和时代性，解决好思想政治理论课的"实用性"问题。

（四）内容系统性和学生思维碎片化之间的矛盾。导致学生学习专注度降低。缺乏耐心

在传统的教育环境中，大学生通常是在教师的引导下开展学习，学习资源比较固定，知识量相对稳定，大学生只需不断巩固和复习即可牢固掌握相关知识，学习注重对知识的系统性和整体掌握。而随着"互联网+"时代移动互联网的极速发展，微博、微信、微电影、微视频、微小说、微学习等的不断涌现，大学生的学习呈现碎片化与泛在化的趋势。网络信息呈现出全方位、零时间、隐匿性和去中心化等特点，大学生面对"海量"信息造成的信息超载、冗余甚至污染，信息的选择、筛选和学习难度增大，使得其难以从大量的信息中找到对自己真正有用的核心信息，造成接收思想政治教育信息时注意力的过度分散和消耗，难以对教育信息的关键部分进行有意注意，导致思维认识上碎片化、无序化。学习的内涵与外延被扩大、重塑，而大学生对碎片化的知识缺少必要的梳理和整合，难以进行有效的知识关联和整体架构。久而久之，大学生在思想政治理论课上无法专注且深入地学习系统的马克思主义理论知识，学习耐心不足，学习能力逐渐下降，无形中加大了思想政治理论课的教学难度。

（五）移动通信设备的普及吸引了大学生太多的注意。影响了思想政治理论课的"抬头率"

目前，我国网民规模已超过8亿，青年学生是互联网运用的主体。通过互联网和智能移动终端，大学生可以非常方便地获得各种信息，更广泛地与人交流，这使学生对教师的依赖性减弱。在课堂只要他们不想听课，就可随时掏出手机翻阅，影响了思想政治理论课的"抬头率"。一方面，移动终端的智能化为大学生学习提供了更加便利的平台，但同时也很容易"绑架"大学生的上课时间。对大学生而言，手机已经不仅仅是通信工具，更是人际交往、学习拓展的工具。不少老师对课堂上的"低头一族"调侃道："世界上最遥远的距离，不是生与死，而是我在上课，你却在玩手机。"大学生上课手机不离

手，不断刷微博微信，忽视的不仅仅是授课内容，浪费大量上课学习的宝贵时间，更有甚者连授课的教师都不认识；另一方面，移动通信技术的发展，为大学生提供了一个浩瀚博大的文化世界，丰富了大学生的精神生活，但同时也导致了一批"伸手党"的诞生。网络信息的广博性和共享性，使得各种信息一经发布就能迅速传递到世界海角天涯，大学生只需举"指"之劳，便能快速畅通地下载资源，浏览信息，使其接受网络信息变得异常简单、容易、便捷，越来越多的大学生也乐于接受这种前所未有的满足感官享受的信息"快餐"。这种快餐式的文化不仅成为大学生文娱活动的主要来源，也被其作为获取现成答案的重要渠道。"只有你想不到的，没有你找不到的："知识的全网流通，让大学生过于注重对知识的连接，而懒于对知识进行深层次的思维和建构。不愿意主动思考问题，只愿当"伸手党"坐等现成答案，解决问题的能力弱化。

二、"互联网 +"时代高校思想政治理论课课程形态的变化

"互联网 +"的兴起为高校思想政治理论课创新带来了契机。对于高校思想政治理论课而言，互联网带给传统思想政治理论课教学的不仅仅是提供一个破除羁绊的工具，更重要的是促进思想政治理论课运用互联网新兴理念和技术，来推进思想政治理论课教学理念的更新和价值反思，创新课程形态，最终提高思想政治理论课教学的实效性。

课程形态是内涵丰富的概念，既有纵向的、历史沿革性的意涵，也有横向的、同时代的特性；相对于课程形态而言，学者们历来对课程内容的关注相对更多，随着近年来信息技术的发展及其在教育领域的广泛应用，电子课程、网络课程、大规模在线开放课程、微课程等的涌现，让课程逐渐从平面、静态走向立体、动态化发展，人们似乎才开始关注课程形态的信息化变革。然而，课程形态与课程内容是不可分割的整体，任何时期的课程形态都包含相应的课程内容的构成与配比问题。而以什么样的载体来呈现课程内容，以及用什么样的技术手段来实现课程内容的实施，都会以不同的形态展现出来。因此，课程形态并不只是课程的外在存在和表现形式，它关注的不仅仅是课程内容的呈现与供给问题，而是课程内容、课程载体以及实施手段和方式的动态组合样态。无论是内容、载体还是实施手段和方式，任何一方的改变，都能够引起课程体系的连锁反应。因此，课程形态关注的是把我们要为学生教什么内容，运用什么载体呈现内容，以及用怎样的手段和方式教三个方面，统筹考虑，相互影响、相互制约。

（一）课程内容的变化

1. 内容趋向开放性

现代社会的知识更新速度不断加快，互联网包容的海量信息，使得更多及时和前沿性的知识信息可以快速进入课程体系，极大丰富了课程的资源。相对于传统思想政治教育，"互联网+"环境下，思想政治理论课授课内容已不再受限于教材、课堂，各种网络信息经由手机、平板、电脑等终端纷纷进入师生教学的视野。"互联网+"时代学习者创新驱动的学习方式，让大学生在学习过程中，敢于以自己已有的知识为基础，独立思考，对各种社会现实问题提出富有挑战性的质疑和拷问，冲击了思想政治理论课教师的权威性。课程从以往可以"预设"的，逐渐向"生成"课程转变，内容呈现动态可重组态势，越来越趋向开放性，极大拓展了学生的视野，催生出大学生更多的新观点、新思想，激发了学生的参与热情。

2. 更强调理论性与现实性的融合与转化

"互联网+"让思想政治理论课与大学生实际生活经由网络实现了更多的连接。"互联网+"时代连接一切、跨界的学习方式打破了传统思想政治理论课学习的界限，学习者可以通过主动连接，获取更为丰富的学习资源，掌握更多的知识和信息。这让思想政治理论课无法回避、无视甚至遮蔽社会现实问题：思想政治理论课不仅要"高大上"，还需要"接地气"，引导大学生关注社会问题，正确分析腐败、分配不公、生态环境破坏等社会问题，寻找这些问题产生的原因。并与大学生共同探讨就业与择业、人生与发展、人际交往、恋爱等实际问题，探索解决方法。思想政治理论课的教学内容更加强调突破理论教学的藩篱，促进其理论性与现实性的融合与转化，为大学生解决实际问题提供更具现实意义的生活性知识，从而促进大学生对各类知识的融会贯通和创新思维。

3. 内容呈现"微化"趋势

"互联网+"时代，社会信息技术的不断变革，让微博、微信、微电影、微视频、微小说、微学习等不断涌现，人们的学习呈现碎片化与泛在化趋势。随着移动终端的极速发展，微型课程越来越普遍地嵌入大学生的日常生活。思想政治理论课程内容不可避免地要将宏大的理论体系的传授，逐渐进行"微化""碎片化"，从而适应大学生学习方式的碎片与泛在化转变。网络信息的海量与碎片、去中心化的特点，让大学生在接受知识的容量、时效和思维方式上产生变化，思维跳跃性强，信息碎片化和知识浅表化。大学生学习方式的改变，促使高校思想政治理论课要将整体性、系统性的知识，进行碎片式的"微"处理，以便于支持学生能随时随地地学习，将课堂灌输的核心理论与大学生能够感知的日常生活世界相关联。思想政治理论课为了能与不同媒介进行融合，教师需要通过微博、微信等途径及时把握大学生的思想动态并与之互动，思想政治教育的理论话语也必将呈现"微化"趋势，不断向大学生的日常生活领域渗透。

（二）课程载体和表现方式的变化

1. 课程媒介多元化

思想政治理论课载体是指在思想政治理论课教学过程中，教育者为实现教学目标，选择、运用承载一定教学信息的媒介。在人类发展进程中，泥板、简牍、纸张等都曾扮演过这种媒介的角色，承载着相应的教学信息。而这其中，印刷术与造纸术的相互配合，使得纸质媒介的书籍让人们更加容易地获得轻便和易于携带的"课程"。书籍作为课程长期的承载体，一直伴随着现代课程而存在发展。但同时也限制了课程内容的发展，因为并不是所有知识都适用于以书本纸张来记载和传播，很多好的艺术形式、非物质文化遗产等都难以利用书籍来留存。进入 20 世纪，人们开始尝试将电影、广播、电视等技术引入课程领域，利用其承载相关课程内容。但是电子媒介的运用并没有让课程形态发生真正的根本性变革。直到信息技术介入，网络信息媒介的发展，让课程形态发生了重大变化，加速了以纸张为载体的课程向以数字存储为载体的转变。

"媒介是人体的延伸"，《理解媒介——论人的延伸》的作者马歇尔·麦克卢汉曾指出"书面媒介影响视觉，使人的感知成线状结构；视听媒介影响触觉，使人的感知成三维结构；而电子媒介则实现了对人的中枢神经系统功能的拓展，使人从重线性思维、重视觉直观、重专门化分裂切割的状态向思维、感觉和认知的整体性复归。"当前更为先进的网络信息媒介则具有信息交流系统的交互性、信息交流活动的协同性、信息交流的多媒体综合性、信息交流运行的实时性以及信息交流范围的广泛性等特点口，是对电子媒介优势的进一步延伸与超越。"互联网＋教育"的发展，电子课程、网络课程、立体化课程、云课程、慕课、微课等的不断涌现，使得纸质媒介、电子媒介、网络信息媒介等多种媒介成为课程共同的载体，推进课程改变"纸媒独尊"的传统形态，促使课程逐渐从平面、单维、静态向立体、综合、动态转变，数字语言成为课程内容新的呈现方式。人们已不再满足于教科书、习题集、练习册、实验手册、课文读物、挂图、图册、投影片、录音带、录像等课程表现形式，课程逐渐走向了一种多元课程载体的课程形态。建立在云技术（云计算）、智能移动等新技术基础上的新课程，有效扩大了课程容量、拓展了课程资源、丰富了课程功能，成为人们热衷于规划的课程发展形态。

对于高校思想政治理论课而言，不论是纸质媒介、电子媒介还是网络信息媒介，各种媒介所提供的只是一种课程载体和表现形态，无论何种载体的拓展，都必须承载一定的与教学效果相一致的思想政治理论课教学信息，并被大学生所认同、理解和接受，为实现一定的教学目标服务，才能成为有效的思想政治理论课教学载体，与课程内容及课程实施方式进行有效协同，共同推进课程的实施和开展。

传统的思想政治理论课堂教学主要呈现以文字和教师讲授为主的平面形态，而网络信息媒介在思想政治理论课的渗透，让课堂教学呈现图像、文字、教师讲授相融合的立体形态。与纸质媒介的文字符号相比，网络信息媒介所呈现的图像符号在表现力、感染力和某些可信度上都优于单纯的文字符号，尤其是网络语言所谓的"有图有视频有真相"，更是强调了网络信息的这一优势，使大学生更容易接受教学信息。教师可以利用网络对文字、图片、动画、音频、视频等教学信息进行处理和整合，并借助网络设计和制作动态的教学课件和更加丰富的辅助教学资源。这种利用网络信息媒介呈现的课程内容并不是简单地将课程内容从文字版转为电子版，而是运用网络将思想政治理论课的教学内容通过数字化处理，转化为大学生日常生活中更容易感知并易于理解的动态、立体的课程形态，有效推动大学生对课程内容进行吸收、认知和内化，促进其主动实践课程内容。

2. 课程语言网络化

语言是人们进行沟通交流的各种表达符号，是人与人交往的主要载体。语言载体是思想政治理论课教学的最基本载体，是教育者与教育对象沟通的主要方式，承担着发出、输送、解释课程内容和信息的重要功能。教育者和教育对象都需要遵循一定的语言规范和规律来交往，沟通思想，表达情感，它决定了思想政治理论课的价值诉求和教学实效。灵活利用语言，晓之以理，动之以情是思想政治理论课得到大学生认可，取得实效性的基本条件。

语言作为一种符号系统，本身会随着时空的变化而改变。承载思想政治理论课信息的教学语言也会随着现实社会与时代发展不断改进与完善，体现时代发展特性，回应社会呼声，使自身的话语体系、话语内容更加符合时代发展的要求。思想政治理论课主要借助语言工具进行理论教育和引导，由于其表达内容的宏大、严肃和极强的逻辑性，教育者掌握的信息霸权，往往让学生成为被动的可控的信息"接收器"，使得思想政治理论课语言较为生硬，不接地气、没有生气、缺乏对受众的吸引力。而互联网的平等、自由、交互与个性化，让其语言更加开放互动，表达方式趋于幽默化、个性化。风趣、直白、调侃、诙谐、无厘头的语言更容易在大学生中产生共鸣，也更容易对大学生产生思想意识渗透。网络语言虽然是由一些特殊字句、数字、符号、拼音、英文字母杂糅而成，但其在网络平台的快速传播，已经成为大学生的习惯用法，影响着他们的话语表达方式的价值观念。在这种情形下，思想政治理论课的语言表达就必须适应大学生语言表达方式的变化，教育者需要放下身段，放下高冷语言，学会亲民，站在学生的立场考虑，理解网络语言，学会恰当使用网络语言。

（三）课程实施的变化

1. 课程实施空间拓展

以往思想政治理论课的教学局限在校园和教室内，教师授课受上课时间、地点的约束，师生必须在空间和时间上完全一致，才能实施课程教学。而"互联网＋思想政治教育"的发展突破了传统教学空间的限制，课程的实施从固定班级的集体授课形态，逐渐向尊重学习者自我学习的形态转变。翻转课堂、大规模在线课堂、微课等新的课程实施形式，让教师无需再规定时间和地点授课，学生也可以完全自由安排学习时间和学习方式来学习。一方面，教师教的过程中，可以充分利用互联网丰富的资源，充实课程内容，使教学资源呈现开放状态。另一方面，也能利用网络教学平台，转化课程内容和资源，设计网络教学环节，并不断根据学生反馈进行优化，实现课程内容的快速迭代，让学生的学习行为可以发生在世界的任何位置、任何时间。课程的实施空间从班级、学校逐渐扩展到网络空间，实现学生的泛在化和碎片化学习，跨越学校和班级边界将成为课程实施的常态。

2. 课程注重学习的实践性

高校思想政治理论课承担着对大学生进行系统的马克思主义理论教育的任务，是对大学生进行思想政治教育的主渠道、主阵地，是帮助大学生树立正确的世界观、人生观和价值观的重要途径，同时，也是一门实践性很强的课程，注重大学生对社会主义核心价值观的内化与践行。互联网拓展了思想政治理论课课程资源，丰富了课程载体，也拓展了课程实施空间，但网络虚拟信息也为思想政治理论课教学信息的有效传递带来了考验，减少了学生与老师、学生与学生之间面对面的交流机会，对线下课堂教学带来影响。因此，思想政治理论课要求教师不仅要在课堂上与学生面对面、点对点沟通交流，还需深入互联网世界，了解互联网话语，参与互联网交流，让课程教学实现线上线下共同发展。一方面，课程更加注重教师利用互联网传递有效的教学内容和信息，捕捉大学生心理动态、思想动态、行为动态，进而优化课程内容，设计更有针对性的线下课堂教学。另一方面，也更加注重学生在互联网世界的思想道德的养成与践行，强调学生在互联网对社会主义核心价值观的践行，引导学生共同建设绿色网络环境，学会在自我教育中进步，在自我服务中成长。

3. 课程趋向开放化

在以往思想政治理论课的课堂教学中，思想政治理论课教师具有较高的权威性，学生与教师之间存在明显的知识量和信息量的差距。而 "互联网+" 的发展，则让教师在知识和信息量上的核心竞争力逐渐弱化。在教与学转变的过程中，学生的能动性和主动性愈加凸显。大学生通过微博、微信、朋友圈等各种信息手段，可以直接加专家的微信、微博，学习他们的思想和观点，学生与教师在知识和信息上的距离逐渐缩小。一方面，大学生学习更加自主，借助于互联网获得更为开放丰富的信息和资源。另一方面，教师也需要结合互联网的使用，形成愈加开放而有张力的教学形式，师生对话趋向平等、开放。

4. 课程越来越智能化

"互联网+" 时代，随着各种网络教学平台的开发和普遍使用，在线课程的数据化服务让思想政治理论课越来越智能化，为课程实施提供了更多的选择性。网络教学平台搜集的大数据分析能实时准确地记录每一个大学生学习的时间、浏览的教学视频进度、回答的问题、提交的作业等学习状况，精确地反映每个人的知识结构、能力结构、个性倾向和思维特征，使实施个性化的思想政治理论课程成为可能。总之，课程变得越来越智能化，越来越具有选择性、针对性，更加适应大学生个性化需求将是思想政治理论课发展的重要方向。

5. 课程运行团队化

"互联网+课程" 的发展，促使网络教学平台上的课程建设出现更为精细的社会化分工。一门成熟的网络课程需要教师既有扎实的专业知识、娴熟的演讲技巧，又要有良好的网络运用技术，还要有一定的包装宣传能力，因此，教师单打独斗很难驾驭网络课程的建设，以团队形式建设和运行一门网络课程将成为一种必然趋势。为建设大学生真心喜爱的网络思想政治理论课，不同教师将扮演知识规划、教学设计、视频录制、技术开发、在线辅导、学习服务等不同角色，从课程资源的丰富、教学视频的录制、讨论主题的设计、教学环节的设计、后台数据的监管，以及到课程包装、课程宣传等，都需要团队成员的紧密配合，协同合作，才能有效保障网络课程的顺利有序实施。

三、"互联网+" 时代思想政治理论课课程设计的原则

课程设计是课程论中的一个基本问题，是将课程基本理念转化为可操作

的课程实践活动的一个"桥梁"？课程设计水平不仅能反映课程理论研究的成果，更是制约教育教学质量的重要因素。课程设计的实质是在教育目标的指导下，对课程理念和操作技术进行系统规划，从而将知识经验进行有效选择和重组，使其面向未来社会成员的生存和发展，展现课程的价值和地位。

从宏观层面来说，课程设计是对课程理念、价值取向、课程目的、课程任务等方面的系列设计，一般由国家或由国家委托相关领域专家学者进行具体设计。2015年，中央宣传部、教育部印发的《普通高校思想政治理论课建设体系创新计划》就明确指出"思想政治理论课是巩固马克思主义在高校意识形态领域指导地位，坚持社会主义办学方向的重要阵地，是全面贯彻落实党的教育方针，培养中国特色社会主义事业合格建设者和可靠接班人，落实立德树人根本任务的主干渠道，是进行社会主义核心价值观教育、帮助大学生树立正确世界观人生观价值观的核心课程"。展现了国家对高校思想政治理论课地位和重要性的充分认识。《创新计划》还对高校思想政治理论课建设体系创新计划的指导思想、基本原则、建设目标以及实施创新计划的主要任务和重点建设内容等进行了具体的制定，从国家层面对创新思想政治理论课体系进行了总体宏观的设计。各个高校的思想政治理论课建设都必须遵循《创新计划》的精神，在其统领和指导下，结合高校各自实际情况，依据学生学习情况、课堂教学的具体需要等再对课程进行微观层面更为细致的设计。因而从微观层面来说，课程设计更注重技术方面，考虑具体课程的结构、组织形式、内容的选择和操作等问题，是将宏观层面选择好的价值落实到具体的课程实践中，是切实提高课程实施有效性的关键步骤。

办好思想政治理论课，事关意识形态工作大局，事关中国特色社会主义事业后继有人，事关实现中华民族伟大复兴的中国梦。从宏观层面来说，实施高校思想政治理论课建设体系创新计划需要遵循坚持理论与实际相结合，坚持教学与科研相结合，坚持教师讲授与学生参与相结合，坚持课堂教学与日常教育相结合，坚持思想政治理论课与专业课相结合，坚持校内与校外相结合的基本原则。从微观层面来说，当前高校思想政治理论课课程设计则需要积极应对"互联网+"时代的挑战和机遇，运用互联网思维，更新课程建设理念，借助互联网技术和平台，充分考虑大学生学习方式的特点和变化，完善课程内容，设计更加合理的课程形态，有效推进课程改革。

（一）课程设计要以人为本

"课程是为了培养人和教育人而产生的、而发展的，培养人是课程的本体功能，一旦离开了这个本体功能，课程便不复存在。"因此，帮助大学生健康成长，将其培养成中国特色社会主义事业合格建设者和可靠接班人，是高校思想政治理论课课程设计的根本性目的，"互联网+"时代高校思想政治理论课就是要以能最优化地服务于发展中的大学生作为自身努力的根本方向。首先，要推动思想政治理论课从"关注知识的传授"向"关注学生的发展"转变。课程是教育活动的核心载体，以往的思想政治理论课教学较为注重对学生进行理论知识的灌输，课堂主要采取集中讲授的方式，学生常常处于被动接受教育的地位。而互联网消除了人际交往中地位的差别和界限，使得思想政治教育的师生双方角色虚拟化，教师居高临下的地位被打破。"互联网+"的发展，催生了更多打破传统讲授方式的课程，如慕课、微课、翻转课堂等，推动学生走进课程建设和教学过程的中心位置。课程的设计不仅要考虑知识传授的系统性、整体性和整合性，更要充分考虑学生的未来发展和终身学习的需要，考虑学生的接受能力、学习方式、生活环境、学习空间等实际情况。课程教学过程的每一个环节都要以学生为中心，为其创设更为合理、优化的课程学习内容和课程参与环境，将学生与课程紧密融合，强调锻炼学生的思考、表达、合作学习、自主学习以及研究性学习的能力等。在思想政治理论课的课程设计中，要充分考虑利用大学生手中的智能设备，促使这些设备成为每一个思想政治教育的终端。在思想政治理论课的慕课、微课、翻转课堂设计和建设中，一方面要试图通过多种媒介"各尽其用、各成其美"，为大学生的学习活动提供更多类型的学习工具和学习手段，满足大学生不同层次的学习需求。另一方面，还要设计相关环节对大学生进行网络学习的指导，帮助本身知识水平较低和信息技术水平不高的学生，使其尽快适应网络学习的要求。课程设计要充分利用网络平台和技术，努力实现线上与线下、网络与课堂、校内与校外等教学场域的有机结合，建立一个包含学生自主学习探索过程的教与学动态互动的机制，充分调动大学生的能动性，带动其全程参与课前网络学习——课中研讨互动——课后实践探索相结合的学习过程。推动大学生在教师的指导下自觉进行自我塑造和自我教育，实现教学目标。

其次，课程设计要加强对学生情感的关注。情感对学习者的学习成效有较大的影响。积极的情感能提高学习者的学习效率，反之，消极的情感则会降低学习者的学习效率和效果。思想政治理论课的情感教育不同于其他课程，具有崇高情感的特点，在其课程内容和方向上都指向对社会主义核心价值观的践行，强调培养大学生对推动中国特色社会主义事业发展，实现中华民族伟大复兴中国梦的使命和责任。因此，在课程设计中，思想政治理论课要注重教材体系向教学体系的转换。要将教材中观点鲜明、论证严谨的理论情境向现实情境转换，将冷冰冰的理论知识转换为有温度、有人情关怀的思想政治课程内容。要善于将教材文本话语向课程教学口头话语转换，使用通俗易懂、活泼生动的语言体系，用学生听得懂的话语阐释深刻的马克思主义理论。在教学方法上要注重师生共情氛围的营造，所谓"感人心者，莫先乎情"。思想政治理论课教学要考虑学生思想认知水平和心理承受能力，面对学生成长过程中的困惑和认知误区，利用触手可及的案例，进行润物无声的疏导，妥善应对、合理解决和纠正学生的错误观点，既能表明态度，又不过于尖锐。让思想政治理论课成为理论知识的解码器，突破理论与大学生实际生活之间的隔阂，增强其对思想政治理论课程内容的情感认同。

（二）课程设计要具有可实践性

思想政治理论课必须要与大学生日常生活紧密联系，才能将课程内容融入大学生实际生活，满足大学生精神需要，适应其成长规律。第一，在课程设计中，思想政治理论课可以采用任务驱动的方式，组织学生结成学习小组。为学生介绍日常生活密切相关的案例，以问题的形式导入课程，引导小组内部进行分工协作，分头查阅相关资料，并及时进行汇总整理。设计相关环节，引导小组成员共同分析、讨论案例，让大学生在团队协作中共同学习、共同成长，增强课程内容的实践性。第二，思想政治理论课可以充分利用网络教学平台，在课堂教学前，以任务的形式让大学生在教学平台上与大家分享课前学习的经历与感悟，促进师生之间、生生之间的相互了解和情感交流；此外，课程也可在网络教学平台上设计相关讨论主题、发布作业和任务，或向大学生推送相关案例视频，并设定完成时间，要求学生对相关议题发表观点和评论，在完成任务的基础上对其他同学的观点、作业或任务完成情况给予匿名式的评价，帮助大学生克服交流恐惧和懒惰，推动其积极勇敢地加入讨论。促进大学生为解决具有挑战性的问题而合作、讨论、共享解决思路，拓展学习视野，学会多角度审视问题，并反思自身不足，及时做出调整。让思想政治理论课的学习不再满足于学生听，而是让课程成为需要师生共同建设、师生不断参与、不断建构的课程，让大学生全程参与课程的实施，从而更好地激发和维持大学生的学习兴趣。

（三）课程设计要具有可生成性

所谓生成，是与现成或预成相对应的，未完成且永远处于生成变化的过程。就像马克思所说，"世界从本质上是某种从混沌中产生的东西，是某种东西发展起来的东西、某种逐渐生成的东西。"世界上的一切都是在创造中产生的，人也是在不断的创造中实现自我完善和自我超越的。课程学习本身就是一个具有生命力的，不断发展衍生的过程，是一个充满不确定性和多种可能的过程。因此，生成是人与课程的根本存在状态和方式。思想政治理论课的课程设计要充分考虑课程的生成性。"互联网+"行动的推进，让互联网平等、开放、连接一切的思维介入到思想政治理论课的建设中，让生成课程成为培养具有创新意识和创造能力的人的重要寄托。思想政治理论课的生成性要从课程知识的生成性、学生学习过程的生成性、师生互动的生成性等方面进行设计。第一，思想政治理论课课程知识不是静态封闭、提前"预设"好的，而是在课程实施过程中师生共同参与生成的，具有过程性、参与性、开放性和进化特征的知识。课程知识是学生在课程实施过程中发挥主观能动性，通过搜集材料、讨论、交流、提出问题、发表评论、参与实践等途径，不断产生过程性信息的知识，而非学生单一被动接受的知识。学生在过程性信息的生成过程中，对课程知识并不是不偏不倚地全盘接受，而是立足于自身的价值观念和文化基础之上，积极地将课程知识内化为自身经验的过程，是学生主动探索、创生新的意义的过程。也是学生融入自己的思想观念，与教材内容、教师、同学开展对话交流，进行全维度融合，促成知识内化与外化相统一，不断生成动态知识的过程。第二，学生对课程知识的吸收不是被动接受单向灌输和教育的过程，而是主动建构生成知识经验的活动。"互联网+"时代，由于整个课程实施过程始终处于开放的信息环境中，学生对预设好的结论性知识的掌握已不再是最终的学习目的。学习并非被动接纳知识和信息，而是主动建构自身对知识的理解、分辨、选择，最终生成自己的认知、结论和经验的过程。因此，在"互联网+"时代的思想政治理论课教学中，学生的道德养成始终处于一种无法完全预设的动态生成过程。这样的动态生成的过程，恰恰是更好地推动学生主动学习、学会学习、终身学习的重要渠道。第三，思想政治理论课还要注重师生在教学过程中的主动性与能动性。课程建设的最终目的不是为了课程本身，而是为了促进人的发展，教师和学生才是课程真正的主宰者。课程设计要符合教师与学生的生活实际，要便于师生将课程内容与自身生活经验进行连接，从而促进师生对课程知识的吸收消化。另外，课程是由教师和学生共同缔造的，不是预先设计好的固定发展路径，师生基于自身的理解而产生的新知识、新体验和情感态度、价值观等都是生成性课程资源，是课程生成的潜在开发者。

（四）课程设计要注重课程整体性与碎片化和泛在化学习的相统一

随着移动互联网技术对人们生活、工作和学习的渗透性影响逐渐加大，各种学习资源越来越呈现开放和碎片化态势，"互联网+"时代的课程设计已无法回避学习资源碎片化给学生学习方式带来的影响。将课程内容碎片化处理将更有利于学生灵活、更加针对性地吸收课程内容，以便保持学生较高的学习注意力和兴趣。而为学生学习提供一个无所不在的泛在化学习环境。使学生可以随时随地地学习，随时随地地生成课程，丰富课程资源成为当前课程设计的一大挑战。思想政治理论课需要适应移动互联网技术的发展趋势，设计更好的学习资源和学习环境，支持大学生碎片化学习和泛在化学习，同时也要注重对碎片化和泛在化学习的有效整合。第一，思想政治理论课需要在碎片化学习的视角中设计相应的微课程，满足当前大学生学习需求。所谓微课程仍属于课程范畴，因此具有课程属性，包含课程设计、课程开发、课程实施、课程评价等内容。在课程设计过程中，还要兼顾教学内容、教学服务、教学互动等方面的协调一致。在设计上，除了要利用图片、图像等元素动态呈现教学文本的内涵，以便学生准确掌握具体课程内容外，还要注重创设问题情景以吸引学生较强的注意力，注重学生对课程情节的体验以促发学生对知识的理解与吸收，并要注重激发大学生的启发以引导学生按照学习进程进行深入思考。思想政治理论课要注重将中国特色社会主义这一宏大的理论体系进行专题式转化和"微处理"，使其内容聚焦，时间短，突出核心知识，侧重以问题为导向，引导大学生聚焦现实探讨解决问题的方案。在微课程的表现形式上，要与大学生日常生活进行融合，选取源于大学生日常生活的素材丰富思想政治理论课的生活语言，运用互联网整合课程信息传播网络，并推动高校思想政治理论课教师通过微信、微博、QQ等不断跟进课程实施，丰富课程资源，满足大学生泛在化学习需求。第二，思想政治理论课的微课程设计还要体现课程的有序性和整合性，以帮助大学生获得学习的整体性和系统性思维。碎片化的知识都是有连接点的，可以用无数的方式加以组织、联通、结合和再造。微课程不仅仅是对课程内容的"微化"处理，也可以支持完整的课程结构、完整的教学流程和完整的教学活动。一方面，每一节微课程设计都要在第一时间抓住学生的兴趣并唤醒先前的知识，通过微课程回顾旧知识的设计将很好地把不同微课程关联起来，帮助学习者建构稳固的知识体系。同时，每一个微课程的内容设计都要注重历史与现实的整体性、理论与实践的整体性、人与社会的整体性，有意识地引导学生将碎片化的内容放在历史发展的脉络和社会整体环境中进行审视，培养其整体意识。另一方面，微课程也可以利用移动智能终端、网络教学平台和软件支持系统，通过对学习活动的有效设计，建设泛在的学习环境，呈现有步骤、有计划的完整的教学过程。软件支持系统可以为学习者泛在学习提供基本的支持工具；网络教学平台可以通过优化学习管理系统，为学习者提供必要的论坛空间、各种媒体资源、及时的评价反馈，以及基于大数据的学生学习分析和学习指导等，为学生个性化学习提供一系列的学习服务，支持学生利用智能终端开展泛在化学习。同时，思想政治理论课可以充分利用网络教学平台按照教学的逻辑思维，有步骤地合理安排不同的教学活动，从而有效促进学生对课程内容的深入认知和加工掌握，为学生架构一个由不同微课程共同构建的完整的教学过程，帮助学生对碎片化的知识和信息进行有效整合，引导其在理论与实践、过程与方法、情感态度与价值判断等方面得到整体性发展。

（五）课程设计要强化"教与学"的交互

思想政治理论课要坚持在改进中加强，提升亲和力和针对性，满足学生成长发展需求和期待，就必须加强师生之间对话交流活动的设计，强化师生之间"教与学"的交互，提高课程的实效性。思想政治理论课教师要熟悉线上线下实现对话的途径，采用相关学习材料增强对话的有效性，缩短师生交互的距离。在互联网教学环境下，思想政治理论课"教"与"学"的边界逐渐模糊化，自上而下单向度教育的模式被打破，平等交互成为新型师生交互模式。课程设计要善于利用互联网构建师生之间主导主动作用的良性互动，以更好发挥教师的主导作用和学生的主动性。互联网为"教"与"学"的互动提供了优良的条件和技术支持，思想政治理论课要设置多渠道对话途径以实现师生之间、生生之间的良好对话交流。一方面，教师要根据学生需求、能力、个性和心理特征等因素，设置适度的线上线下课程师生对话，进一步优化疑问、对话、合作等互动形式。并在"教"与"学"的互动中，实时掌握学生的学习状况和掌握程度，及时调整方法，使师生对话保持适度和恰当的状态，深化思想政治理论课线上线下教学互动的广度、深度和延展度，促进"教"与"学"两者之间的互动渗透和相互促进：使教师能更加有效地关注学生学习动态，也让学生在平等交互的教学形态中感受教育的现实指向，更容易结合自身实际情况和成长目标进行学习。另一方面，思想政治理论课也要善于利用互联网平台，通过学生手中的移动终端，发挥 QQ、微信等平台的传播效果，设定与课程内容相关的问题、答疑等，从不同层面向学生推送学习内容，扩展课程资源。师生之间可以运用图片、文字、声音、视频等多媒体传播形式进行实时沟通互动，进一步加强"教与学"的交互。此外，在课程设计中，还要为学生的自主学习提供必要的机会。师生之间"教与学"的交互可以缩短师生之间的距离，提高学习积极性，但并非这种距离越小越好。距离太近，会让学生的学习自主性下降，学习所承担的责任和具备的能力都会受到限制。因此，课程设计还要注重师生之间交互距离的合理控制。

（六）课程设计要合理运用技术

课程是学校育人的核心中介，随着人类信息技术的发展，课程也必将不断地加以改造和革新。但无论在课程中纳入多少崭新的技术要素，说到底，技术都是为人服务的，任何技术都不能颠覆或遮蔽人的根本性地位。因此，课程设计也必须紧紧围绕育人这一根本出发点，统筹思考技术规律和技术理路，才能实现课程的信息化与人的发展之间的良性互动。"互联网＋"时代，思想政治理论课必须加强技术与课程的深层次耦合，才能使技术更好地服务于课程目标的达成。第一，"互联网＋"行动的推进，并不是要在课程设计中实行对技术的绝对推崇，其最终目标依然是要通过技术促进学生的发展和完善。"互联网＋"时代多种技术媒介可以让课程内容呈现立体、鲜活、动态的形态，也能使学生的学习活动开展获得更多的学习工具、学习手段和学习平台，为进一步优化教学活动创造了有利的条件。与此同时，信息技术的发展也让学生的学习打破了时空的限制，有利于满足学生的个性化学习需求。可以说，技术为课程带来了海量资源，为课程活动开辟了更加广阔的空间，也唤起了师生感官之间的配合与协作。但是，技术与课程质量优化之间并不具有必然的因果关系：人们在新的技术面前，总是容易过高估计它的短期潜在影响，而夸大技术的预期效益。对课程而言，无论是何种技术的引入，它所提供的都只是一种课程改进的可能性和方式。它能给教学方式、教学模式以及教学理念等带来变化，通过一系列先进的科技理念渗透以及技术方法的有效使用，有助于实现思想政治理论课程教学的终极价值追求。但无论技术如何改进，都丝毫不能掩盖思想政治理论课"树人"的目的。在思想政治理论课教学中，现代技术的应用不是单纯为了增强课程的技术存在感，而是为了帮助学习者更好地掌握课程内容，如果过于强化技术则会让并非重点的技术及其表现力分散或削弱需要强化的课程内容，违背利用技术推动课程目标实现的初衷。因此，思想政治理论课的课程设计不能单以技术为论，还是要综合考虑各种技术在课程实施中的有效性，合理选择恰当的技术手段改进教学方式方法。第二，"互联网＋"时代，思想政治理论课要合理利用现代教学技术手段和传统教学方法。"互联网＋"不是对传统教育的全盘否定和彻底抛弃，而是对传统教育和现代信息技术的深入融合，以促进教育的升级转型。在思想政治理论课教学中，现代技术的应用要和传统教学方法统筹结合，协调使用。事实上，网上丰富的课程资源并不能完全替代课堂教学，思想政治理论课不仅需要进行理论讲解和知识传授，还包含情感教育的内容，需要教师与学生面对面地进行交流和对话，"晓之以理，动之以情"，才能达到释疑解惑、坚定信念、传递正能量的效果。因此，思想政治理论课不能简单地利用信息技术将线下课程内容信息化和数据化，也不能与传统教学完全对立。课程设计需要在传统教学方法的基础上，结合学生实际和社会发展状况，使用技术优化课程资源配置，坚持通过网络技术手段和课堂常规教学手段的有效互补来提高课程实施的实效性。

第三节 "互联网+"时代高校思想政治教育模式的创新

教学模式是在一定教学思想或教学理论指导下建立起来的、较为稳定的教学活动结构框架和活动程序。高校思想政治理论课教学模式的创新一直是其教学改革的重要课题。2015年，中央宣传部、教育部下发的《普通高校思想政治理论课建设体系创新计划》，明确提出了要"积极开展高校思想政治理论课综合改革试点探索，鼓励创新教学模式"。2016年6月7日，教育部又下发了《教育信息化"十三五"规划》，明确指出信息技术对教育的革命性影响日趋明显，"十三五"期间，要全面推进教育的信息化。由此可见，顺应信息化发展趋势，构建思想政治理论课的信息化教学模式将是推动思想政治理论课教学改革的重要内容。

一、当前高校思想政治理论课教学模式的瓶颈

（一）传统教学模式的局限

传统的教学模式是一种以教师、书本和课堂为中心的教学模式。主要有讲授式教学模式、发现式教学模式、掌握式教学模式等。思想政治理论课传统教学模式普遍以讲授式教学模式为主。这种模式主要强调教学是学生在单位时间内，在教师的指导下高效、集中地学习理论知识，掌握基本知识和技能，满足了我国高校扩招以来，大批量传播中国特色社会主义理论，大规模培养人才的需求。但这种教学模式面对教育信息化的趋势，存在一些不足之处。

第一，传统教学模式过多强调教师在教学活动中的地位，学生的主体性较弱。教师按照自己的思路讲课，学生处于被动接受的状态，教学缺少有效策略激发学生的学习兴趣，很大程度上阻碍了大学生学习的自主性和能动性，不利于培养学生主动获取知识的能力和创新能力，容易引起学生学习的懒惰性。

第二，教学目标单一化。传统的教学模式对于教学目标重点在于指导学生学会所教授的知识，要求学生在单位时间内高效系统地学习，过多关注学生的学习结果而忽视了学生学习过程和创新思维形成的培养。在这种教学模

式下，教学能呈现较好的秩序性、规范性，也易于开展教学、管理教学和评价教学，但在一定程度上，也限制了学生创新能力的培养。2015 年 3 月 11 日，国务院办公厅发布《关于发展众创空间推进大众创新创业的指导意见》。推进大众创业、万众创新，是发展的动力之源，也是富民之道、公平之计、强国之策。人才是推动创新的基础。思想政治理论课需要破除"重学习结果、轻学习过程"的教学目标，根据大学生实际情况，注重学生在学习过程中获取知识、分析问题、解决问题以及践行道德素养的综合能力，推动学生创新创造能力的培养。

第三，教学结构固定，评价单一模式化。传统教学模式下，思想政治理论课过于强调教师的主导地位，未能真正体现学习者中心地位，教学服务意识较差，难以应对学生的个性化学习需求，难以为学生自主学习提供更好的支持。在评价方式上，传统教学模式更多使用诊断性评价、形成性评价和终结性评价。往往以期末笔试成绩或结课论文的成绩为主，结合平时考勤、作用来给学生定性评价。评价的主体是教师，主要考核学生对知识的掌握程度，关注学习结果的评价，评价机制单一，评价内容标准化、评价方式单调，缺乏个性、多元和弹性，或者只能收集到片段化的评价信息，缺乏可靠的判断依据而过于依赖经验判断或者主观评价。这种评价方式往往难以全面考查学生学习过程的变化，评价缺乏针对性。

（二）信息化教学模式有待完善

随着信息技术的发展，很多高校开始尝试进行信息化教学模式改革，一些高校投入大量资金开展了"慕课"建设，如清华大学推出国内首个可获得证书认证的"慕课"项目，杭州师范大学开展"慕课"学分互认等，取得了一定的成效，但也遇到一些发展瓶颈，如"慕课"建设虽然拥有了巨大的注册量，但课程完成率却并不理想，我国信息化教学仍存在一些较为突出的问题。

第一，信息技术与思想政治理论课教学要素并没有真正有机结合起来，线上线下教学没有实现一体化运行，因而以教材、课堂、教师为中心的教学模式没有根本性改变，教学目标还是过于注重知识传授，相对忽视了情感、态度和价值观的教育，对学生在线上的学习过程关注不足。

第二，思想政治理论课教师还是扮演着权威者的角色，采取传统的讲授式教学模式。只不过将讲授内容从线下搬到线上，教师从讲台讲授换成了在视频里讲授，学生从坐在课堂听课变成坐在电脑前或拿着手机听课，师生之间缺乏真正平等的交流、交锋和交融。

第三，教学内容难以贴近学生、贴近生活、贴近实际，线上教学内容缺少教师与学生互动情景的设置，课堂教学活动又缺少师生和生生互动，不利于情感教学的实施，难以较长时间吸引学生的注意力和兴趣。

第四，没有完整的教学评价体系。对利用网络平台开展教学活动结束后，往往缺乏一套科学合理的过程性评价体系，使得教师对于学生的学习状况没有一个准确、完整的认知，学生在学习结束后也难以对自己的学习成果进行自我评价。

"互联网 +"时代，信息技术的发展对高等教育教学质量提出了更高的要求，传统的教学模式已不能满足当今社会发展和大学生成长成才的需求。推进信息技术与高等教育的深度融合，创新人才培养模式成为高校推进教育信息化所要解决的核心任务。高校思想政治理论课要积极利用信息技术，创新教学理念，重构教学逻辑，丰富教学资源，改变单向灌输的教学方式，改善学生学习环境，努力提升教学效果。结合近年来学术界的研究和各高校的探索实践，基于"翻转课堂"的线上线下混合式教学模式改革，因其能较好整合在线教育和传统教育，更好调动学生学习主动性，形成较好的"教学相长"模式，成为思想政治理论课教学模式改革的一项重要探索和尝试。

二、基于"翻转课堂"的线上线下混合式教学模式

（一）翻转课堂

"翻转课堂"是近年来教育领域一个特别流行的词汇，目前正成为教育理论研究与教育实践探索的热点。"翻转课堂"作为近年来备受关注的一种全新教学模式，被认为是对传统教学模式的颠覆。这一模式通过改革教学流程，让学生成为学习过程中的核心主体，自主掌握学习的进度和深度，并通过学生的自我监督和自我反思，使学习者形成良好的学习习惯，真正实现自主学习。"翻转课堂"源于 2007 年前后，美国林地公园高中两位化学老师纳森·伯尔曼和亚伦·萨姆斯成功实践的翻转学习；2011 年，萨尔曼·可汗在的 TED 大会上提出"翻转课堂"指一种"学生晚上在家看教学视频，第二天到教室做作业，遇到问题向老师和同学请教"的教学模式，因为和传统的"学生白天在课堂听老师讲课，晚上回家做作业"的方式相反，因此被称为"翻转课堂"或"颠倒课堂"。这一模式被加拿大《环球邮报》评为 2011 年影响课堂教学的重大技术变革，受到全球学者的热点关注。越来越多的学校将翻转课堂应用到教学实践并取得了良好的教学效果，成为全世界最热门的教育改革和教育创新话题。

所谓"翻转课堂"就是将原来的课堂样态倒过来而形成一种全新的课堂

样态，也就是对传统课堂"范式"的革命。传统的课堂范式是以传授知识为主要过程，以班级授课制为主要形式的教学模式，它以教师中心、教材中心、课堂中心"三个中心"为代表。而随着信息化时代的到来，传统的课堂教学范式已不适应信息时代的需求，于是便形成了以信息技术为背景的，以学生的学习活动为主要特征的现代课堂教学范式。"翻转课堂"的大体做法是，学生在课前进行自定步调的学习（观看视频讲座或阅读文献），课堂时间则用来深化概念和参与合作性的问题解决。这种模式将学习时间进行重新规划和设计，通过对知识传授和知识内化的颠倒安排，改变了传统教学中的师生角色，实现了先学后教和对传统教学模式的革新。正因为此，翻转课堂具有以下基本特质。第一，翻转课堂的目的在于满足学生的个性化学习能力及方式，学生由被动学习转向主动学习，关注学生学习内在动机的激发，强调学习过程中学生的"做"或"活动"，注重发挥学生在课堂教学过程中的参与者角色；第二，翻转课堂的本质在于变革传统的课堂教学方式，翻转课堂转换了教学过程中知识传授和知识内化两个环节。在传统教学中知识传授一般需要通过教师的课堂讲授得以实现，而知识内化则需要学生通过课后作业以及其他学习活动完成。在翻转课堂上，传授与转化环节被彻底颠覆，知识传授及拓展在课下完成，知识内化则在课上完成，形成课堂翻转。甚至随着教学过程的翻转，课堂学习过程中的各个环节都将发生变化；第三，翻转课堂在现代信息技术的支持下变得具体可行。翻转课堂是在信息化环境中教师提供以教学视频为主要媒介的教学方式，学生在课下观看教学视频，教师与学生在课上通过答疑、协作探究和互动交流等方式完成教学活动。

（二）混合式教学

混合式教学源于上个世纪末的混合学习理论，最初是用于英特尔、微软等大企业的内部员工培训，以提高企业员工的技术水平和综合素质，使企业获得更大的收益。这种教学思想逐渐引发了国外教育学界的关注，众多学者认为混合式教学是指教学模式或传输媒介的混合、教学方法的混合、网络教学与线下教学的混合。相对于国外学者对混合式教学的研究，国内教育学界的研究起步较晚。北京师范大学何克抗教授于2003年全球华人计算机教育应用第七届大会上首次引进并提出"混合式教学"的理念，认为"混合式教学"是未来教育技术的发展趋势，是国际教育技术界关于教育思想和教学观念的大提高与大转变。"混合式教学"为高校思想政治理论课创新教学模式、深化教学改革提供了新的思路。

目前，国内外专家对"混合式教学"的定义侧重点各不相同，归纳起来有：多种教学理论的混合、多种学习环境的混合、多种教学方法的混合、多种教学资源的混合、多种教学风格的混合、多种学习评价的混合等。作者倾向于认为混合式教学侧重于将传统课堂教学和网络教学的优势相结合，改变教师和学生的角色，体现"以学生为主体，以教师为主导"的教学理念，教师起到引导、支持、监督、控制的作用。学生充分利用教师创建的环境，自由、自主地开展学习。山同时，混合式教学可以充分利用各类教学资源，扩展学生的知识面，还可以通过各种教学方法、教学媒体、教学策略等的优化组合、合理利用，发挥学生的主体作用，培养学生的积极性和创造性。

（三）基于"翻转课堂"的线上线下混合式教学

2015 年，"互联网+"行动计划的提出，要求教育行业要响应政府要求，彰显互联网在思想政治理论课教学改革中的优化和集成作用。创建基于"翻转课堂"的线上线下混合式教学模式，成为思想政治理论课契合时代发展新趋势的现实需要。

基于"翻转课堂"的线上线下混合式教学是指在混合式教学中引入翻转课堂的理念，在将传统课堂教学与网络教学优势相结合的前提下，为学生提供更为个性化的学习时间、空间和网络渠道，使学生能根据自身情况完成课前自主学习任务，以便在课堂上有更多的时间和机会发挥主观能动性，更好扮演课堂教学过程的参与者角色，深入挖掘学习潜力，实现"以学生为主体，以教师为主导"的教学理念，从而切实提高教学质量：

基于"翻转课堂"的线上线下混合式教学需要实现线上、线下教学的有机结合，一方面，线上教学与线下教学是现实与虚拟的关系。线上教学虽然在网络虚拟空间进行但并非脱离现实实践。线上教学不能脱离线下教学多年来的理论积淀、实践经验、工作队伍以及形式手段，离开了这些基础性经验，线上教学就会如无本之木，难以稳固生长。而线上教学的实际效果也要以现实问题的解决为依据。网络上反应的政治、思想、道德以及价值观等问题往往来源于现实生活，是现实社会问题在网络上的集中反映和聚焦放大。线上教学要注重对现实问题的释疑解惑。另一方面，线上教学是对传统线下教学的延伸和拓展，是思想政治理论课教学发展的新形态—线上教学拓展了思想政治理论课教学的实践和空间，时效性不断提升，覆盖面不断扩大。互联网技术使思想政治理论课教学内容和素材得到了极大丰富，线上与线下共同作用于教育对象，对其塑造正确的三观起到了积极的作用。通过网络，大学生可以更加主动全面地搜集学习资源，自主选择相关信息进行自我教育和对信息进行二次传播，激发了大学生在线上教学中的主体意识。同时，网络资源的快捷性和实时性也让线上教学弥补和消除了线上线下教学的时差，更加凸显线上教学的有效性。因此，思想政治理论课利用信息化手段，充分借助和发挥网络技术优势，开展线上线下混合式教学，在师生之间架起更加广泛、更加迅速地沟通桥梁，贴近大学生，增强教学实效性。

基于"翻转课堂"的线上线下混合式教学需要建构互动相融模式。互动相融模式是一种基于互联网与教育深度融合的背景下，以"互动"为核心，将在线教育、面授学习、小组协作交叉互融实现意义建构的新型教育模式，使网络化学习与传统教育从二元对立转向二元融合二相融是指互联网与教育的真正相结合，使教学过程更加智能化、舒适化。一般而言，学习过程包括知识传输和知识内化两个阶段。在传统教学模式下，知识传输大都在课堂上通过教师讲授等方式来实现；知识内化过程则一般在课后完成，通过学生复习、做习题、参加社会实践和教师辅导答疑等方式来实现。而基于"翻转课堂"的线上线下混合式教学将互联网教学与线下课堂教学相结合，借助现代信息技术手段，将学习过程的两个阶段进行了"翻转"：知识的传输从课堂上迁移到课堂之外，通过学生课前个性化的线上学习来实现；而一部分知识内化的功能则从上课之后转移到课堂上，在教师引导下通过学生的合作探究、练习巩固、反思总结、自主纠错等方式来实现。显然，这种教学模式可以更加有效地激发学生的学习积极性和主动性，促进学生的自主学习和合作学习，有利于教学效率的提高和教学效果的改善。

三、完善慕课教学模式建设

统筹建设覆盖全国高校的思想政治教育 MOOC 平台。"慕课"平台建设包括网络教学传输和交互系统、网络教学资源系统、网络教学管理系统以及相关服务人员等要素，其搭建需要物质和技术的等多方面的支持。高校必须重视慕课平台基础设施的建设，投入大量人力、物力、财力积极进行建设。此外，MOOC 的建设应该坚持开放性，不能只是个别学校、个别专家进行研究开发，应推动不同层次学校都能自由进入并共同开发建设。国家应该积极推动由重点建设到普遍建设的 MOOC 建设战略。由国内具有较高学术科研能力的高校带头进行 MOOC 课程和平台的开发，再以此为中心由点及面地向四周高校和低层次高校辐射，推动 MOOC 技术的完善和普及，吸纳更多高校投入到 MOOC 开发中来，最终建成具有全国影响力的高校思想政治教育 MOOC 平台，覆盖全国。

提供更加优质的思想政治教育 MOOC 资源。MOOC 平台上所提供的课程是供全国甚至全世界学生学习的内容，因此在课程质量上进行严格地把关，保证课程质量的高水平，提供优秀的"线上课堂"资源。MOOC课程的开发者，应该是具有较高科研水平思想政治教育工作者，在理论和教学实践上均有深厚积累。同时，思想政治教育MOOC课程的制作者还应该具有较高的工作责任心，在MOOC制作过程中一丝不苟、精心设计，在课程制作前做好充分的调研和准备，从源头上保证思想政治网络课程精品、精制。

健全激励机制，鼓励教师积极探索MOOC模式。高校和教育机构要认可"慕课"在教育教学中的价值，积极推广，鼓励教师利用"慕课"进行教学创新。高校要健全教师进行教学创新和教育改革的鼓励激励机制，要加强对思想政治教育工作者的网络技术的培训，邀请MOOC课程研发的先进代表来校进行交流座谈、分享经验。同时，对于积极参与、探索MOOC课程设计的教师，要进行表彰和奖励，调动教师参与网络课程制作、应用网络课程的积极性，形成全校崇尚科学、崇尚创新的氛围。

第四节 "互联网+"时代高校思想政治教育路径的创新

一、建设高素质的思想政治教育队伍

（一）更新教育者教育理念

思想的进步和观念的更新引导着人类社会的每一次重大变革。教育理念的更新，是推进"互联网+"与大学生思想政治教育融合的先决条件。教育理念它蕴含于教育教学的全过程，体现教育者对教育本质的理解，是指导教师组织教学活动、坚定教育信念的思想基础。"互联网+"时代，教育者教学理念必须随时代同步发展，树立起"互联网+"的教育思维和以学生为主体的思想理念，以适应变革中的思想政治教育工作。

树立"互联网+"的教学思维。随着"互联网+"时代的到来，大学生思想政治教育与网络的融合已经成为大势所趋。但是，思想政治教育工作者的网络化理念觉醒尚不充分，对"互联网+高校思想中政治教育"呈观望的态度。针对这种问题，高校在推进"互联网+"进高校的过程中，首先要提高教师对"互联网+"的认识程度，帮助教师更新观念，自觉树立"互联网+"思维。首先，要加强在教师队伍中宣扬"互联网+"理念，引导思想政治教育工作者正确认识"互联网+"的内涵和意义。通过组织学习和开展讲座，让教师认识到"互联网+"的变革性意义，自觉拥抱"互联网+"。其次，要在教育教学中鼓励创新，通过完善奖励激励机制，鼓励教师积极利用网络资

源与平台进行教学改革。形成在整个校园中积极拥抱"互联网+"的改革创新的氛围。最后,教师要在实践中积极探索运用"互联网+"。改变原先故步自封、拒绝变革的态度,以开放包容的心态去接纳"互联网+",在摸索、实践中深化对"互联网+"理念的认识,逐步提高应用"互联网+"提高思想政治教育工作实效性的能力。

坚持学生的主体地位。大学生思想政治教育是一项培养人的活动,其目的就是要实现学生的全面发展,帮助学生完善个性,成为符合时代和社会要求的栋梁之材。马克思关于人的全面发展的学说,是实现思想政治教育教育目标的理论根基。在推进思想政治教育发展创新的过程中必须坚持以人为本,在教育教学中坚持学生的主体性地位。同时,对人性的关注是"互联网+"的本质特征之一。因此,在"互联网+大学生思想政治教育"中坚持学生的主体地位,既是思想政治教育的根本要求,也是"互联网+"时代要求的体现。在"互联网+"环境下,实施大学生思想政治教育要坚持以学生为本,从学生的需要和接受程度出发来设计教学环节,坚持学生的主体地位,鼓励学习去自主学习、合作学习,激发探索知识、学习知识的内在动力。在对学生进行思想关注和价值引导的过程中,要考虑到学生的心理状态,要尊重、理解和爱护学生。教师同学生进行交往,要平易近人、亲切和善,师生之间应该是一种平等融洽、互敬互爱的和谐关系。

(二)提升教育者的网络媒介素质和网络教育能力

"互联网+"时代对高校思想政治教师提出了更好的要求,除了要具备扎实的专业基本素养还必须具备利用互联网开展思想政治教育教学的能力。这二者如舟之两桨、鸟之两翼,相互配合、缺一不可。只有同时兼备才能适应"互联网+"下大学生思想政治教育改革的需要,实现"互联网+"背景下大学生思想政治教育的良好实效性。教育者要加强知识学习,提升知识素养。树立终身学习的理念是教师职业道德的要求之一。思想政治教育者需要不断对自己进行"充电",才能保持自身创造力的不竭和知识结构的不断完善。"互联网+"时代,教育者需要通过知识学习来提高自己的专业素养,适应"互联网+"的教学需求。首先,要继续不断学习思想政治教育学科理论和相关专业知识。思想政治教育理论是一门随着社会的发展变化不断向前推进的学科,教师需要不断加强学习、时常充电来保证自己掌握最新的学科成果,从而实现教育内容更加充实和与时俱进。其次,要不断学习网络信息知识。互联网在教育行业应用融合是时代发展的趋势,如果教师不能及时跟上脚步,强化自身的网络素养和网络教学能力,终将被时代淘汰。因此,教师要努力学习计算机应用知识，了解"互联网+"的运行原理和基础设施，掌握网络环境课程建设理论。

教育者要在实践中积极应用和探索"互联网+"的教育教学方式。理论只有真正应用于实践才能得到其价值的实现。因此，"互联网+"背景下的教育工作者除需要提升理论素养外，还需要在实践中积极探索和应用"互联网+"，提高实践应用能力。第一，思想政治教育者要具有探索精神，积极探索网络教学方式与课程的结合，探索出符合学科规律、符合学生需要、符合教育目标的优质网络课程。第二，掌握校园网、红色网站、BBS、微博、微信等网络交互平台和社交软件的使用方法，利用多元方式密切与学生的联系，密切关注学生的心理状态与想法。第三，积极动员学生参与到"互联网+"的思想政治教育中，指引学生正确使用网络。

高校不断完善教师队伍培训制度和鼓励政策。为提高思想政治教育工作者的整体素质水平，高校应该积极组织教师进行学习培训并将此制度化、常态化，在提升教师队伍水平上下大功夫。高校应该定期、有组织、有计划地开展网络信息技术培训，从教学理念、知识理论和实践操作等多方面组织学习，提高教师操作网络能力，能利用网络筛选收集教学资源，使教师能有效利用网络开展教学和日常思想政治教育工作。学校还要完善激励政策，对能积极利用网络开展教学和学生管理的教师进行奖励，激发教师学习和应用网络的热情。最重要的一点，高校还应该建立考核考察制度。从德、能、勤、绩四个方面对教师进行考评，通过个人考评结果给予相应的奖励和惩罚，督促教师不断提升教育教学水平。

（三）构建齐抓共管的组织机制

目前大学生思想政治教育工作者主要是"学校党政干部和共青团干部，思想政治理论课和哲学社会科学课教师，辅导员和班主任"。要实现"互联网+"背景下思想政治教育队伍整体功能水平的发挥，还需要进一步优化思想政治教育队伍的结构，构建齐抓共管的组织机制。

要坚持在党委的统一领导下，由党委宣传部牵头总抓，各学生工作部门、团委、统战部、保卫部、各学院各司其职、密切配合，同时动员广大师生积极参与，形成齐抓共管的"互联网+思想政治教育"工作格局和组织保障体系。首先，要发挥好校党委的领导核心作用，充分认识到"互联网+"时代下思想政治教育工作的严峻性，"把思想政治工作贯穿到教育教学的全过程"，严肃认真地对待意识形态工作。由校党委牵头成立"互联网+"背景下的大学生思想政治教育小组，把各有关部门的人、财、物资源组织起来，大力推动"互联网＋大学生思想政治教育"工作的展开。其他工作部门和二级学院要积极参与、协调配合，加强对大学生网络行为的管理，提升网络道德和行为规范。要配齐建强大学生思想政治教育工作队伍，统筹推进高校党团干部、学生工作负责人、思想政治理论课程教师、辅导员、心理咨询教师协调行动的思想政治教育队伍建设，造就一支既有专家教授，又有校院领导；既有课程教师，又有心理工作者、辅导员参与的"互联网＋思想政治教育"队伍。

建设"互联网＋思想政治教育"队伍，还要积极发挥学生干部和学生组织的积极作用。成立由学生干部或有较高思想政治觉悟的学生代表组成的网络志愿者队伍，参与网络联络、舆情监督、价值引导工作。发挥校园学生组织、学生团体的校园影响力，动员他们参与到校园网络文化建设中，积极传播具有正能量的声音，通过网络评论和舆论导向弘扬文明风尚。

二、提高大学生的网络素养

学生是"互联网＋大学生思想政治教育"主体，学生网络素养的实际具备情况直接影响着其对"互联网＋"下教育教学内容的接受程度。学生既是思想政治教育活动的参与者，也是思想政治教育效果的体现者。因此，要增强"互联网＋大学生思想政治教育"的实效性，必须重视大学生网络素养的提升。就目前来说，我们可以从提高大学生的网络应用水平、培育大学生的网络道德以及加强网络法制意识来实现。

（一）提高大学生网络应用水平

"互联网＋"不仅催促着高校教师不断提高其信息媒介素养，也对高校大学生的信息素养提出了更高要求。第一，提高大学生的网络操作水平。以文献检索课和计算机课教学为核心，提升网络应用和操作能力，重视培育学生的网络信息意识。深化大学生对"互联网＋"理念理解，引导大学生正确认识"互联网＋"对大学生思想政治教育的影响，激发学生自觉接受"互联网＋大学生思想政治教育"的新型教学模式。第二，提高大学生网络学习能力。MOOC、微课等网络教学手段是近几年才兴起的事物，在学生中的普及应用情况还不乐观。教师要帮助学生正确使用互联网教学工具，提高其学习的积极性和实现教学效果。第三，要提高大学生进行网络信息筛选和使用的能力。教育者要学会帮助学生利用网络来收集有意义的教育信息，帮助学生群体制作、传播各种健康向上的信息，提高学生在繁杂的信息海洋中捕捉有效信息的能力。在信息技术课程中，还要帮助学生形成正确的判断能力和行为能力，自觉抵制有害信息，提高正确使用网络信息的能力。

（二）加强大学生网络道德教育

网络实现了人的社会关系的丰富和发展，为实现网络交往的和谐文明，网络道德规范应运而生。在网络交往的过程中，网民们应该自觉以此为绳，约束自己的网络行为。但是由于大学生人尚处于心理发展的健全期，道德自律性不高，在网络对其身份的隐藏下，极易产生网络道德失范行为，甚至做出违法乱纪的事情。因此，要实现 "互联网+大学生思想政治教育" 实效性的提高，必须在较强对大学生的网络道德培育上下狠功夫。

启发大学生的网络道德自律意识。网络道德的形成应该是一种自觉、自发的行为。只有从内心真正对网络道德怀有敬畏之心才能自觉依从网络规范来参与网络生活。对大学生来说，要加强在网络道德方面的自我修养，增强网络自律意识。在参与网络的过程中，大学生应该积极主动地去学习、深化对网络道德的认识，保持文明、友善的态度进行网络交往，从内心深处认同网络道德、积极拥抱 "互联网+"。同时，在认识、接受网络道德的基础上，磨炼果断、坚强、自制、勇敢的道德意志，树立守卫道德的正义感和使命感，在参与网络世界的实践中，践行网络道德行为、培养网络道德习惯。

健全和完善高校网络道德教育。高校是对大学生进行网络道德培育的关键力量。要适应 "互联网+" 对大学生网络道德方面的更高要求，高校首先要在课程开发上体现对网络道德的重视。在课程开发上可以借鉴国内外在网络道德方面课程建设的经验，开设网络伦理道德教育、信息素养培育等方面课程，利用《思想道德修养与法律基础》等公共课深化学生对网络道德以及《全国青少年网络文明公约》的认识。通过多种渠道进行网络道德宣传工作，开展有益于增强学生网络道德自觉性的校园文化活动，利用 "两微一端"（指微信、微博、网站端口）的德育平台宣传加强对学生的 "三观" 引导，帮助学生正确认识网络现象，形成正确的价值判断和行为选择。辅导员要加强对大学生网络行为的监督和引导，以线上、线下两种渠道对学生进行网络道德教育，实现网络行为与现实教育管理相对接。

发挥家庭教育和社会教育对大学生网络道德培养的作用。大学生网络道德培育需要发挥社会各方面的合力。也就是说，无论学生个体、高校、家庭和社会都应当在大学生网络道德培育事业中积极承担自己的责任。作为家长，应当成为孩子的人生导师，和榜样。在对孩子进行网络道德教育方面，家长要以身作则，对孩子形成良好示范。此外，家长要承担起对孩子网络道德行为的监督引导责任，教导孩子文明上网、正确使用网络。在社会大环境中，要形成崇尚道德、崇尚文明的风尚。宣扬网络道德规范，动员社会力量共同建设绿色、文明的网络环境，严厉打击网络犯罪，根除网络毒瘤。

（三）强化大学生网络法制教育

"互联网+"使教育的环境变得更加复杂。在规范大学生网络行为的过程中，道德和法律应该相辅相成、共同作用，引导大学生规范使用网络还应该对其进行网络法制教育。高校应该充分利用《思想道德修养与法律基础课程》以及校园法制活动宣传法制理念和知识，培养大学生的法律意识，真正做到知法、懂法、守法、用法，合理合法使用网络技术，正确利用网络发表观点评论，不触碰法律的底线。增强大学生的网络安全意识，保护自己的个人隐私，在遇到网络侵害行为时，举起法律的旗帜捍卫自己的权益。在对大学生进行法制教育时，要避免单纯理论说教造成的苍白无力，要积极丰富教育方式，采用案例分析、情境模拟、实践教学等方式使教学生动起来，创设轻松愉悦的学习氛围，增强法制教育的实效性。高校还应该引导学生在网络生活中践行法制观念，遵守网络世界的法律规范，提高学生运用法律保护自己、抵制网络侵害的能力。同时，要健全校规校纪中关于合理使用网络的制度规范，不断完善网络行为的现实约束管理制度。

三、充分利用网络载体构建新阵地

"互联网+"下的大学生思想政治教育必须实现教育走进学生的生活，尤其是网络生活。对于学生们活跃度较高的网络平台，思想政治教育要及时投入关注、参与进去，将其划为思想政治教育的新领地。"两微一端"（即微信、微博、官方网站）和网络论坛也成为大学生思想政治教育的重要建设内容。

（一）加强高校校园网站建设

高校校园网是高校面向学生服务的窗口，承担着服务师生、宣扬社会主义核心价值观、对大学生进行思想道德培育的重要任务，是"互联网+"下开展大学生思想政治教育的重要阵地。校园网由学校官方建立，保证了内容的权威性和教育性。同时，校园网以本校学生为服务对象，保证了网站内容贴合校情、学情，教育的针对性和效果更好。但是目前，我国许多高校在校园网站的建设中还存在着一些问题，需要各高校在校园网建设方面投入更多关注，充分调动各方面力量，建立和完善校园网。

一方面，要完善校园网的服务功能。校园网是一个综合性的平台，为学生全面发展提供多样化的服务。如：利用校园网的图书管理系统，学生可以利用文献数据库检索网络学习资料、阅读电子书籍，充实知识学习；利用校园网的就业、创业平台，学生可以获取招聘信息、了解就业和创业政策；利用校园网的心理咨询平台，学生可以得到心理疏导、排解忧郁。校园网的各项服务功能为促进学生全面发展提供了资源与平台。高校要不断发展和完善校园网的服务功能，投入更多人力、物力、财力建设网络系统，优化旧功能、增添新服务，满足学生发展的心需要。

另一方面，要强化校园网的思想政治教育功能。校园网的建设必须要坚持马克思主义的立场，把握政治方向，面向学生传递党的声音和社会正能量，使校园网成为培养大学生政治立场、对学生进行思想和价值引导的重要阵地。校园网的内容要及时丰富和更新，不仅要包括校园新闻、校园风采还要提供国内外的时政新闻、社会热点。在校园网内容设计要用心，标题要具有吸引力，表现形式要多样化，使文字、音乐、视频都成为弘扬主旋律的载体。不断丰富校园网的版块，设立一些贴近学生生活与需要的栏目，容思想性与趣味性为一体，增强学生对校园网的关注度。利用校园网举办丰富多彩的思想政治教育主题活动，丰富思想政治教育的实践形式，提高学生对思想政治教育内容的接受度。此外，还应该积极开辟校园网互动平台，为学生提供思想交流的天地。目前，手机等移动终端不断普及，高校还应该积极开发校园网站手机端，满足学生随时随地对校园网的关注，实现 "互联网 +" 下的校园网真正成为学生的一种生活方式。

（二）加强对网络论坛的舆论引导

以校园 BBS、百度贴吧为代表的网络论坛是高校大学生钟爱的网络活动场所。在这里，各种有趣的思想碰撞出新的火花，有价值的信息得到交流和扩散，师生们汇聚于此，围绕着感兴趣的话题展开交流。论坛给予了人们思想表达的空间，是 "互联网 +" 下的大学生思想政治教育可利用的重要阵地。但同时也因为论坛的弱约束力和开放性，使它成了负面网络舆论发酵的温床，一些错误的、虚假的、无根据的观点被不负责任地表达出来，扰乱了网络安定，产生了严重的危害性。因此，高校必要加强对网络论坛的管理，做好网络舆论引导工作。

第一，要建设一支专业的校园网络舆情管理队伍。从素质要求上看，这支队伍的成员既要有高度的政治素养又要有敏锐的洞察力、分析能力，要既懂思想政治教育，又懂网络管理，只要不断提高管理人员的素质，才能实现良好的舆论管理效果。第二，要及时了解和把握舆情动态、引导网络舆论。思想政治教育工作者要对网络论坛进行密切的关注，收集网民的观点和意见，对于不同言论采取不同处理方式，消除网络舆论的负面影响，扩大正面舆论的积极作用。具体来说，对于错误、反动、无中生有、歪曲事实的言行，要及时删除或通过引导正面力量对其批判来消除。对于一些合理的、反映学生需要与利益的言论，要积极给予重视，积极向上级反映。第三，网络论坛舆论引导的过程中，要有意识地创设话题引导师生讨论，网络学生深化对时间和话题的认识，来引导讨论的过程中慢慢将舆论引向预期的方向，帮助学生树立正确的价值观。第四，高校思想政治教育工作者在管理网络论坛舆论过程中，要注意教育手段的灵活，采取一种柔和的手段来进行引导，体现"以理服人和以情动人"，避免疾风暴雨式的方法激起学生抵触情绪。总之，要对网络论坛加以合理的利用和管理，使其成为推动"互联网＋大学生思想政治教育"的重要工具。

（三）充分利用即时性网络通信工具

即时性网络通信工具已经成为现代青年人的一种生活方式。尤其是随着技术的不断升级，即时性通信工具的功能越来越完备，不仅满足了人们社会交往的需要，还成了重要的学习工具和工作助手。目前，网络通信工具的种类变得越来越多，但 QQ 和微信是最普及的两种，高校教育在利用即时性通信工具密切学生联系过程中，要积极运用这两种工具。

利用 QQ 和微信的群组功能实现师生之间的良好互动。通过在 QQ 和微信软件中设立班级群，将班级活动空间由线下拓展到线上，为师生之间的交流提供了便利。高校辅导员或班主任可以利用通信软件及时将上级的文件、通知传达下去，同学们也可以将情况和问题及时告知老师，方便了学生管理。同时，QQ 和微信也提供了师生之间思想交流的空间。同学们可以在班级群内进行生活交流、学习讨论，教师亦可以通过参与学生的话题与学生们融为一体。同学们还可以利用这种非面对面的聊天方式将平时想说又不敢说的话向老师倾诉，有利于建设和谐、融洽、友爱的班级氛围。

利用 QQ 空间以及微信朋友圈了解学生日常生活。QQ 空间和微信朋友圈是学生记录生活、表达情感的个人天地。思想政治教育工作者可以通过与学生互加好友，进入学生的朋友圈，了解学生的日常所思所感。在学生产生心理困惑和生活困难时，及时对学生进行帮助。如果发现学生有一些偏激、不当的言论，可以及时对学生进行引导，帮助学生形成正确的价值观念。

利用微信所附带的信息发布平台对学生形成日常影响。目前，高校越来越注意到微信公众平台对学生思想与行为的影响力。就我校来讲，已经成立了校园官方微信，其他学生服务和管理部门，如学生工作部、大学生就业指导中心、心理咨询中心等也都建立了自己的微信平台，各二级学院的微信平台建设也都在逐步完善。通过官方微信平台，可以及时发布校园新闻，提供学生服务，对学生进行思想和价值引导。阅读微信平台发布的文章，已经成为学生校园生活的重要部分。高校要不断完善微信平台建设,发挥新媒体在大学生思想政治建设中的重要作用。

（四）发挥微博平台的思想政治教育功能

微博是进行大学生思想政治教育的重要平台。目前高校微博建设中还存在着很多问题,对学生需求的满足还不充分,微博的空间环境还很复杂,需要高校在微博建设中投入大力气,实现微博平台的思想政治教育功能充分发挥。

完善学校、学院官方微博的建设。完善校园、学院官方的微博建设,首先要提高官方微博管理团队的整体素质,尤其是网络素养,提升管理人员的操作技能和操作技巧。其次,提升平台发布内容的质量和数量。在内容选择上既要有思想高度又要 "接地气",素材选择要新鲜,更新要及时,保证内容 "又好又多",在潜移默化的教育中提升学生思想道德修养和人格的完善。第三,要发挥好微博在高校形象建设上的作用,增强同学们的母校自豪感、荣誉感,更加爱校爱生活。第四,在微博上要加强与学生的互动,体现官方微博的人文关怀,同时发挥微博的舆论引导作用。第五,增加校园微博的服务功能,提供和发布一些关于学术研究、生活服务、心理调节、道德和法律修养的内容,促进学生全面成长成才。

鼓励高校辅导员开通工作微博。辅导员是大学生思想政治教育的骨干力量,是学生的人生导师和知心朋友。高校教师积极开通微博,可以方便对学生进行生活关注和思想引导,是推动 "互联网+高校政治教育" 的重要途径。辅导员可以利用自己的工作账号发布自己对生活,对时政,以及社会话题的感悟,将正确的价值理念传播出去。同时辅导员还可以利用微博及时关注网络的舆论动态,通过分析舆情及时采取措施,避免消极舆论的滋长蔓延。辅导员还应该积极利用微博的互动功能,在微博平台发起对社会话题的讨论,给学生表达思想的平台,,通过思想交流使学生获得启发,在潜移默化中使学生受到教育。

四、净化大学生思想政治教育网络环境

保障网络环境绿色、安全是 "互联网+" 与其他行业融合的基础,也是 "互联网+大学生思想政治教育" 的根本要求。"互联网+" 与大学生思想政治教育的融合需要健康的网络环境作支撑。从国家角度来看,要不断加强对网络环境的监管与净化,通过完善网络运行的法治建设来为网络环境保护建立起制度屏障。同时,在网络安全防护技术方面需要不断地更新、升级,提升技术水平。这些将为 "互联网+" 与大学生思想政治教育的融合提供牢固

的"铠甲"。对于高校来说，发展"互联网＋"时代背景下的大学生思想政治教育工作，还需要高校做好校园网络安全的保障工作，加强对校园网的监管，保证学生网络使用环境的安全、清朗。

（一）完善网络运行法治建设

法制建设是和谐社会的基础，网络作为社会生活的重要空间也必须坚持依法建设，这既是网络社会和谐发展的客观需要，也是保证"互联网＋大学生思想政治教育"取得良好实效性的保障。十八届四中全会将"依法治网"纳入全面推进依法治国的整体部署。互联网不是法外之地，法律制度的完善将极大推动网络环境的不断净化，保证网络空间安全、有序，为"互联网＋大学生思想政治教育"提供重要保护屏障。完善网络空间法制建设方面，可以从三方面着手。

完善网络安全法律法规建设。我国在网络安全立法方面起步较晚，发展缓慢，直至 2015 年 7 月才拥有第一部《网络安全法（草案）》。这是我国在网络安全立法征程中的重要阶段性胜利，但这部法律也仅仅是草案，还存在很多值得商榷的地方，我国在网络安全法律法规建设上继续下大功夫。首先，要加快网络安全立法进程，形成一部符合当代社会发展现状、具有较强操作性的《网络安全法》。其次，各地方和行政部门要结合地方实际和部门特色积极建设地方网络安全法案和行政法规。同时，注重各法律法规、地方性法规和行政条例之间的系统性和协调性，形成配套的法律法规体系。最后，要对已经建立的法律法规进行及时的修订，保证法律能适应技术发展的新水平、解决新问题。

加强网络执法队伍建设。在强调立法的同时，我们还必须不断加强网络执法队伍的建设，保证法律在实践中得到良好的运行。现如今，网络犯罪的技术手段越来越高超，大多数犯罪者都拥有很高的计算机专业背景。网络犯罪打击难度一再升级，对网络执法者的能力要求也越来越高，加强网络执法人员的队伍建设刻不容缓。目前，我国已经成立了网络警察队伍，承担守卫网络的重大责任。加强网络警察队伍建设，首先要提高政治素养，具有高度的政治责任感和使命意识。其次，要不断提高网络警察的网络素养，具备计算机网络知识和技术技能，可以操作高、精、尖的现代设备对网络犯罪进行打击、追踪。最后，还要不断提高网络素养，提高执法水平和业务能力。目前，世界各大国都十分重视网络执法人员能力建设，在培训和制度管理方面都积累了十分丰富的经验。我国要积极借鉴国外经验并结合国情做出特色，提高网络执法人员提高维护网络安全的能力。

加强网络安全国际合作。网络空间是人类共同的活动空间，网络空间前途命运应由世界各国共同掌握。面对网络发展带来的问题和挑战，任何国家都难以独善其身。由于网络的自由性，国家的界限被模糊，这也使得网络犯罪可以轻易跨越了一国界限，打击难度进一步加大。由于各国的国情、民族情况和价值理念的不同，各国的网络法律存在很大的差异，造成了网络犯罪确定方面的司法冲突。而且，因为网络中国界的不明确，使得网络警察的巡逻领域出现空子，使得网络犯罪分子可以逃脱法律追踪，成为漏网之鱼。这是网络社会治理的极大的隐患。因此，在打击网络犯罪、治理网络空间方面，需要世界各国联合起来，形成网络治理的牢固盾牌。通过合作，制定网络治理的国际法规以及国家间条约，织就一张无缝的法网，形成共同打击网络犯罪的合力。

（二）提升网络安全技术水平

网络环境监管需要网络安全技术的不断升级来提供保护伞，"互联网 +"与各行各业的融合保驾护航，这也是实现借力"互联网 +"推动高校教育改革的题中之义。目前，我国社会各界最关注的网络技术方面是：防火墙和过滤技术、口令设置和数据加密技术、数字认证技术以及生物统计学身份识别技术。这些技术是屏蔽网络病毒和垃圾信息，保护网民重要文档、识别用户身份、保护个人隐私的重要工具，是网民信息安全的技术保障。随着网络技术的发展以及网络犯罪的猖獗，人们越来越期盼更加安全、可靠的方式来保护自己的网络生活。尤其是大学生，安全意识较为薄弱，要积极迎接"互联网 +"、积极参与到"互联网 + 大学生思想政治教育"中，就需要技术的不断成熟提供保护。"互联网 +"要走进大学走入学生生活，这就需要科学技术工作者在技术研发上不断创新，实现网络安全技术的不断升级。

（三）构建校园网络信息安全监控体系

高校在迎接"互联网 +"的同时，也要积极建筑起保卫网络安全的牢固围墙，重视网络安全管理工作，构建校园网络信息安全监控体系。

建立校园网络信息安全管理责任机制。建立健全网络信息安全管理责任机制，确定网络安全管理的领导机构和责任部门，明确各主体的权责，合理进行工作分配，促进各部门协调配合，实现各司其职、各尽其责、相互配合、齐抓共管的工作局面。完善网络安全管理制度，规范网络安全管理行为，落实网络安全责任追究，对于违反操作规定造成网络安全事故的责任人与相关部门要进行追责。动员群众积极参与网络安全管理，呼吁群众举报虚假新闻和威胁社会安定的信息，对群众举报要及时接受并处理。

建立校园网络信息安全的物质保障机制。网络安全维护需要技术和设备的投入。提升高校网络信息安全管理能力，需要不断升级高校网络安全防御系统，保证网络安全维护设备的良好运行，做好网络设备维护和更新。完善网络安全基础设施配备，增加对网络安全保障设备的资金和技术投入，及时淘汰落后、低效的管理方式与技术。加强对网络维护人员的技术培训，提高网络安全维护效率，学校调拨专项经费支持网络信息安全工作。

建立完善的校园网络监控机制。加强校园网 IP 地址的管理和维护，对访问范围进行管理控制，防止学生访问某些具有安全隐患的非法网站。不断升级校园网防火墙和内容过滤器技术，将可能威胁到校园网络系统和学生信息安全的病毒和非法信息过滤出去，避免校园网遭受恶意攻击。安装更高级别的杀毒软件，定期进行病毒查杀。对校园网的内容进行严格的把关，对网络信息进行筛选分析，清除不利于学生健康成长的内容。网络管理员和高校辅导员要对学生的网络行为进行管理和监督，引导学生规范使用网络。

参考文献

[1] 王南芳.提升高校思想政治教育亲和力的方法探究[J].科教文汇（上旬刊），2017（07）.

[2] 冯宝晶.增强大学生思想政治教育实效性的对策思考[J].北京劳动保障职业学院学报，2017（03）.

[3] 于振红.中国优秀传统文化对高校思想政治教育的作用[J].新西部，2017（13）.

[4] 南昌航空工业学院思想政治理论课教育教学研究部简介[J].思想理论教育导刊，2016（06）.

[5] 宋彩惠.网络环境下思想政治课理论教学研究[J].管理观察，2018（23）.

[6] 梁星.质的研究方法在高校思想政治理论课教学研究中的应用[J].社科纵横（新理论版），2012（04）.

[7] 李海芬，张吉.高校思想政治理论课教学研究可视化分析[J].教学研究，2018（01）.

[8] 詹鹏，王崎峰.五大发展理念视域下的高校思想政治教育致思理路[J].江汉大学学报（社会科学版），2017（03）.

[9] 朱天玉.民办高校思想政治理论课网络教学研究述评[J].知识经济，2018（02）.

[10] 郭玉华.大学生社会主义法治理念培育融入高校思想政治理论课教学研究——以"概论"课为例[J].法制与社会，2015（18）.

[11] 熊爱华.抓好干部职工思想政治教育，提升供销事业发展内生动力[J].现代企业教育，2012（11）.

[12] 周跃新.浅谈思想政治教育的生活价值[J].法制与社会，2017（24）.

[13] 董海涛，单学亮.经济新常态下思想政治教育的现代转型[J].长春理工大学学报（社会科学版），2017（04）.

[14] 王晓丽.思想政治教育概念研究述评[J].许昌学院学报，2017（03）.

[15] 张苗苗.浅析心理咨询在思想政治教育中的发展路径[J].武汉航海（武汉

航海职业技术学院学报），2017（01）.

[16] 侯彦杰，聂斌.基于"经""权"思想的思想政治教育国际化研究 [J]. 石家庄铁道大学学报（社会科学版），2017（03）.

[17] 刘军玉，樊惠萍.大数据时代加强思想政治教育刍议 [J]. 高教学刊，2018（20）.

[18] 叶方兴.精神世界的政治呈现——思想政治教育的精神本性初论 [J]. 思想理论教育，2018（10）.

[19] 程秀霞.马克思《关于费尔巴哈的提纲》对思想政治教育的现实意义 [J]. 重庆交通大学学报（社会科学版），2018（05）.

[20] 张俊敏.社会主义核心价值观下思想政治教育工作的展开路径 [J]. 教育教学论坛，2018（43）.

[21] 叶馨.高校辅导员思想政治教育工作创新探究 [J]. 教育教学论坛，2017（34）.

[22] 王潇."微时代"大学生思想政治教育的消解与重塑 [J]. 现代经济信息，2017（14）.

[23] 孟维娇.积极心理学视角下思政教育工作新思路的探索 [J]. 淮南职业技术学院学报，2017（04）.

[24] 杨旭.传统文化在大学生思想政治教育中的价值及实现路径 [J]. 纳税，2017（27）.

[25] 林飞燕.优秀传统文化在大学生思想政治教育中的价值及应用途径 [J]. 科教导刊（下旬），2017（09）.

[26] 李文君.开创大学生思政教育工作新局面 [J]. 教育与职业，2017（25）.

[27] 马苑萍.网络时代大学生党员思政教育工作困境与对策 [J]. 文学教育（下），2016（08）.

[28] 毛加明.有关思政教育工作创新发展的思考 [J]. 新闻战线，2014（09）.

[29] 陈雅楠.浅析如何提升大学生思政教育工作的质量和水平 [J]. 人才资源开发，2018（14）.

[30] 王德召，严华.对地方高校提升思想政治教育实效性的思考 [J]. 学校党建与思想教育，2014（02）.